U0023107

新國家主義
Neo-nationalism

郭洪紀／著

孟　樊／策劃

出版緣起

　　社會如同個人，個人的知識涵養如何，正可以表現出他有多少的「文化水平」（大陸的用語）；同理，一個社會到底擁有多少「文化水平」，亦可以從它的組成分子的知識能力上窺知。眾所皆知，經濟蓬勃發展，物質生活改善，並不必然意味這樣的社會在「文化水平」上也跟著成比例的水漲船高，以台灣社會目前在這方面的表現上來看，就是這種說法的最佳實例，正因為如此，才令有識之士憂心。

　　這便是我們——特別是站在一個出版者的立場——所要擔憂的問題：「經濟的富裕是否也使台灣人民的知識能力隨之提昇了？」答案

恐怕是不太樂觀的。正因爲如此，像《文化手
邊冊》這樣的叢書才值得出版，也應該受到重
視。蓋一個社會的「文化水平」既然可以從其
成員的知識能力（廣而言之，還包括文藝涵養）
上測知，而決定社會成員的知識能力及文藝涵
養兩項至爲重要的因素，厥爲成員亦即民衆的
閱讀習慣以及出版（書報雜誌）的質與量，這
兩項因素雖互爲影響，但顯然後者實居主動的
角色，換言之，一個社會的出版事業發達與否，
以及它在出版質量上的成績如何，間接影響到
它的「文化水平」的表現。

　　那麼我們要繼續追問的是：我們的出版業
究竟繳出了什麼樣的成績單？以圖書出版來
講，我們到底出版了那些書？這個問題的答案
恐怕如前一樣也不怎麼樂觀。近年來的圖書出
版業，受到市場的影響，逐利風氣甚盛，出版
量雖然年年爬昇，但出版的品質卻令人操心；
有鑑於此，一些出版同業爲了改善出版圖書的
品質，進而提昇國人的知識能力，近幾年內前
後也陸陸續續推出不少性屬「硬調」的理論叢

書。

這些理論叢書的出現，配合國內日益改革與開放的步調，的確令人一新耳目，亦有助於讀書風氣的改善。然而，細察這些「硬調」書籍的出版與流傳，其中存在著不少問題，首先，這些書絕大多數都屬「舶來品」，不是從歐美、日本「進口」，便是自大陸飄洋過海而來，換言之，這些書多半是西書的譯著，要不然就是大陸學者的瀝血結晶。其次，這些書亦多屬「大部頭」著作，雖是經典名著，長篇累牘，則難以卒睹。由於不是國人的著作的關係，便會產生下列三種狀況：其一，譯筆式的行文，讀來頗有不暢之感，增加瞭解上的難度；其二，書中闡述的內容，來自於不同的歷史與文化背景，如果國人對西方（日本、大陸）的背景知識不夠的話，也會使閱讀的困難度增加不少；其三，書的選題不盡然切合本地讀者的需要，自然也難以引起適度的關注。至於長篇累牘的「大部頭」著作，則嚇走了不少原本有心一讀的讀者，更不適合作爲提昇國人知識能力的敲

門磚。

　　基於此故，始有《文化手邊冊》叢書出版
之議，希望藉此叢書的出版，能提昇國人的知
識能力，並改善淺薄的讀書風氣，而其初衷即
針對上述諸項缺失而發，一來這些書文字精簡
扼要，每本約在六萬字左右，不對一般讀者形
成龐大的閱讀壓力，期能以言簡意賅的寫作方
式，提綱挈領地將一門知識、一種概念或某一
現象（運動）介紹給國人，打開知識進階的大
門；二來叢書的選題乃依據國人的需要而設計
的，切合本地讀者的胃口，也兼顧到中西不同
背景的差異；三來這些書原則上均由本地學者
專家親自執筆，可避免譯筆的詰屈聱牙，文字
通曉流暢，可讀性高。更因為它以手冊型的小
開本方式推出，便於攜帶，可當案頭書讀，可
當床頭書看，亦可隨手攜帶瀏覽。從另一方面
看，《文化手邊冊》可以視為某類型的專業辭典
或百科全書式的分冊導讀。

　　我們不諱言這套集結國人心血結晶的叢書
本身所具備的使命感，企盼不管是有心還是無

心的讀者，都能來「一親她的芳澤」，進而藉此
提昇台灣社會的「文化水平」，在經濟長足發展
之餘，在生活條件改善之餘，在國民所得逐日
提高之餘，能因國人「文化水平」的提高，而
洗雪洋人對我們「富裕的貧窮」及「貪婪之島」
之譏。無論如何，《文化手邊冊》是屬於你和我
的。

孟　樊

一九九三年二月於台北

序　言

　　可以這樣說，國家主義（Nationalism）是世界政治學說中最爲模糊的概念。它就像一個隱身的精靈，通常並不被人們注意，只是作爲一種偏激的民族主義思想的變體，即使在最權威的百科全書中也是寥寥數語地予以帶過。但是國家主義到底是什麼？它從哪裡來？卻一直令人們深思。倘若把國家主義置放在一個歷史文明或文化建構的層面加以檢視，那麼就會發現它的內涵義理卻是異常的複雜和系統，它和我們最熟悉的傳統、歷史、道德、理想、現實、價值、利益聯繫得那樣緊密，以至於不得不從它延伸了的概念予以考量。

　　國家主義雖然不是什麼新東西，但肯定是
當代文化最突出的現象之一。國家主義曾被廣
泛地描繪成民族的開明宗教，是神聖理性的某
些特徵在國家共同體中最充分、最完美的體
現，它把民族的歸屬感和國家的主體感揉合在
一起，將一種對某一文化或語系的族群的效忠
精神演變成恆久的制度化的政治心理架構。一
般說來，一個族群可以由於種族、語言、宗教，
或文化的特點而把自己看成是一個民族或是具
有民族意識，不過，在絕大多數的情況下，把
不同的群團結合在一起的因素是共同的歷史文
明和對未來的共同願望或共同命運的信念，這
種信念作為與政治文化體制緊密相連的國家共
同體意識，代表了一種旨在維繫或改變某種生
存狀態和生活秩序的意識形態體系，它是人類
進入階級社會以來，運用國家共同體意識凝聚
理想精神實現社會均衡的制度形態的基礎。

　　嚴格地說來，國家主義是民族自身的政治
文化傳統，而民族主義只是近代的產物。民族
主義只有在同其他的文明相比較時，或者感到

外部文化的壓力時，才產生的一種普遍的強烈
情感。國家主義除了客觀的民族共同特徵之
外，還包括大量制度化的道德、文明和政治思
想的內涵，它可以透過自己的傳統和力量來提
昇本民族的文化、利益和獨立的地位，透過灌
輸國家意識或愛國意識來凝聚民族價值和倫理
精神。所以，國家主義不能混同爲種族主義或
部族主義，抑或僅僅由於種族、宗教、道德、
語言而產生的歸屬感。廣義上的國家主義並不
僅僅限於政治學說的範疇，而是涵蓋了不同民
族不同國家的歷史文明或文化建制的概念，普
遍存在於古典世界包括古代中國的文明和文化
的建構中。

　　作爲一種文化系統，國家主義的理論雛
型，可以劃分爲兩種。歐洲的國家主義淵源主
要來自古希臘柏拉圖的國家學說，而亞洲的早
期國家主義則可以從中國儒家的孔子政治學說
中體認。早期的國家主義是倫理化政治的典型
模式，它的核心是維持少數人絕對統治的政治
秩序和社會制度。它在集體主義和烏托邦主義

的推動下，獲得了道德意義和法理意義的合法
性基礎，它利用人與人之間實際存在的不公正
和不平等，將消除社會對立的道德理想，用國
家威權或政治法統來加以規導，依此平衡和滿
足社會不同成員的生存需要。所以，歷史上所
有龐大的中央集權國家或封建貴族統治的國
家，都是得益於國家主義的維繫，像古代的埃
及、印度、巴比倫、中國、羅馬、波斯等早期
文明國家，以及後來的德意志、俄羅斯、土耳
其、日本等帝國傳統深厚的國家，都可以在它
的文化傳承中追溯到國家主義的踪跡。

　　封建化時期的國家主義形態是從倫理中心
主義的層面去肯定象徵封建宗法特權的國家獨
占原則，貴族世襲制和官僚家產制作為那一時
期普遍存在的政治經濟秩序，並非是一種嚴格
意義的私有制度，而是身分與特權的物化。因
此，借助國家威權確立的以倫理道德塑造政治
形式、以宗法政治宰制經濟活動的秩序模式，
最終奠定了漫長封建統治的制度基礎，涵化了
歷史上所有的暴君統治、集權化的開明君主專

制、軍事暴力獨裁以及官僚化的威權政治等。

在古代社會中，由於生產力低下，社會分工薄弱，國家有足夠的能力將社會生活的一切都納入其控制之下，因此，政治領域和經濟領域並沒有嚴格的劃分，公共領域和私人領域也沒有明顯的界線，政治觀不僅涵蓋了社會觀，也隱沒了民族觀。這種威權體制，始終以國家傳統政治的齊一化包容個人、社會、民族的存在價值，並不斷弱化其內質。它集中反映了封建化時期國家主義的實質：

作為一種社會理論　體現了由國家支配社會，政權凌駕民權的集權意識，是一種依賴政治威權和意識形態體系將人們及其價值模式納入國家體制的秩序架構，它使君權統治始終能夠按照自己利益最大化的原則行事，並代表國家意志不斷施放自己最大的暴力潛能。

作為一種文化體系　代表了等級社會的宗法制度和地緣政治的某些建構，是一種藉由倫理秩序和階級結構來界定利益關係的價值系統，並表現為偏狹的部族主義或種族主義，這

使得社會成員在歷史的進程中具有內在的一致性。

作為一種制度規範　代表了依照某一思想方案維持或重組社會秩序和經濟關係的公共權威和共同理法，概括了民眾在國家政治中的從屬地位以及君權和民眾相互制約的傳統政治關係，具有以暴力實現或維持社會公平與和諧的農業文明特徵。

作為一種經濟結構　以土地國有制和宗族家產制為基礎，依靠自然經濟規律和超經濟強制來組織社會生產，配置國家資源，在恪守農業生產方式的同時，透過權力機制和等級結構來分割社會財富，仲裁不同的利益。

作為一種價值範式　是以秉承生命、權利、幸福、機遇都人人均等的集權統治精神來壓制自由的理性，消滅欲望對行為的影響，排斥以個人自由和人類尊嚴為基礎的普遍價值形態，不斷造成對權力代理階層的道德僭越。

其實，國家主義並不是一種社會組織或生產方式的概括，而是具有相類似歷史文明和文

化傳統的意識形態的表徵。其靜態的歷史主義的描述義，在於它不受時代和體制變遷的影響，始終具有不可抗禦的歷史超越性和社會融合性。當資本主義文明產生並以制度化的形式固定下來以後，國家主義的思想建構一方面要在傳統主義的環境中繼續尋覓政治合法性的窠臼，構築了保守主義和君主立憲體制的政治形態，作爲威權政治的變體；另一方面，又在理想主義的推動下不斷擴展道德合理性的基礎，形成了激進主義和烏托邦的思想運動，作爲大衆政治的變體。在一些封建體制強勢的資本主義國家中，國家主義向極端方向發展的結果則是導致了法西斯主義的出現，顯然，這是極權政治的癥結。資本主義化時期的國家主義形態因此變得更加複雜和迷離。

　　國家主義建構曾是近代以來資本主義文明抨擊的主要目標，自由主義和民主主義的意識形態，就是始終圍繞傳統國家主義的中心結構不斷進行抗爭，並因此確立了近代意義的市民國家的理論和形式，將個人、社會、民族的價

值實存同國家政治結構嚴格分開。雖然國家主
義在歐洲新教倫理的範圍內受到最爲激烈的批
判和否定，但在其他諸如亞洲、非洲、拉丁美
洲等封建傳統深厚的地區則是大行其道。威權
政治國家的歷史文明與文化傳統，使這些地區
的國家形態雖然拋棄了某些封建化的形式和符
號，但在整體上卻保留了國家主義的內涵。

　　第二次世界大戰結束以後，一些奉行傳統
國家主義的亞、非、拉美國家，在資本主義文
明的影響和制衡下，逐漸接受了自由經濟和市
場體制，開始了晚工業化的進程，它的全力發
展民族經濟文化，不斷改善國家的汲取能力和
再分配能力，努力促進社會福利的普及和人民
生活的提高。強權政治與市場經濟相互結合的
結果，是建構了一種新型的國家主義形態。它
的特點在於：一是政治權力高度集中，並不受
民主社會中那種選舉制和法律的約束。二是官
僚集團採取不同的政教合一的形式，借助文化
傳統和意識形態來控制民意，駕馭國家。三是
充分運用國家的暴力潛能或其他強制手段保證

民衆服從統治階層意願，依靠倫理精神來行使權力。四是政府機構透過產權國有制和私人壟斷資本相結合的形式，來控制各種社會集團利益。五是大多數社會成員的個人權益不受尊重或根本得不到承認，一切都靠國家威權體制的主宰。

傳統的國家主義吸納了各自文化傳統中的普世價值和秩序觀念，代表了人類渴望運用集體主義價值和烏托邦理想建構社會共同體的願望，從本質上體現為把階級對立和社會對抗加以柔化的政治共同體主義的延伸。建基在國家主義之上的新國家主義形態，其實質在於始終不放棄利益集團對國家的獨占形式，並充分運用軍隊、警察和其他恐怖手段來維持少數人絕對統治的特權形式，因而與體現自由、民主、人權的現代文化相牴牾。不可否認，採取新國家主義建制的某些發展中國家，雖然大量吸收了資本主義工業文明的某些合理因素，並確立了現代政黨制度和科層制度，運用自由經濟的規律創造了社會經濟的奇蹟，但在維持自己的

政治傳統方面則採取文化保守主義的立場，並以柔性的權威主義作爲旗幟。

　　新國家主義 (Neo-nationalism) 的意識形態和文化建構概括了威權體制加自由經濟的全部內容，它的核心是將維持傳統和促進繁榮視爲政治合法化的唯一源泉。隨著自由經濟和工業文明的持續衝擊，奉行新國家主義的某些國家和地區，其社會形態正在發生質的變化，政治多元和道德多元的局面不僅促進了現代化的發展，也帶來了對傳統威權體制的質疑和挑戰。但是，政治的多元化並不等於政治的民主化，經濟的現代化也不等於社會的現代化，因此，新國家主義作爲一種過渡形式和混合體制的象徵，涵蓋了當今世界上所有的經濟發達而政治滯後的社會模式。

　　進入九〇年代以來，新國家主義形態對第三世界以及前蘇聯體系的國家和地區產生了重大影響。由於冷戰時代的告終，一些國家和地區放棄了陳舊的價值模式，開始運用自由化經濟的手段，從經濟成長和社會福利普及的好處

中汲取政治合法性的源泉，這樣，以發展國家
規導下的混合經濟作為文化策略，並吸收現代
文明中的某些普同性價值，來加強傳統的政治
地位，其結果必然與國家主義的意識形態接
通。這是新國家主義能夠在一定範圍內超越民
主政治的階段，並得以承續和發展的根本緣
由。

　　綜上可知，新國家主義是晚工業化社會的
產物，但它的意義不限於東亞的四小龍模式，
北非的埃及、利比亞模式，以及南美的巴西、
智利、阿根廷模式，它在世界範圍內，作為發
達資本主義之外的現代化發展模式，將在長時
間內存在下去。從思想體系上，新國家主義是
新集體主義、新權威主義、新保守主義得以盛
行不衰的總根源。在制度架構上，新國家主義
是強權政治加市場經濟的制度形態，但這種模
式帶來的政治多元的局面，無疑將會產生類似
多米諾骨牌的效應，形成對第三世界國家的持
續衝擊。在韓國，多黨政治的震盪正激烈進行，
在台灣類似的震盪已經開始，而且其他地區也

將陸續出現。從這個推論出發，透過透視新國家主義的整體脈絡，就會明白爲什麼轉型時期新權威主義和新保守主義能夠大行天下的原因。

　　本書即是透過對國家主義和新國家主義的系統論述，來疏理新國家主義這一政治思潮的基本理路，以期能夠擴展人們的文化視域，增進文化建設的認同感。

郭洪紀

1995年8月　　寫於西寧

目　錄

第一章
國家主義的淵源
及早期形態

　　國家主義（Nationalism）雖然不是新東西，但肯定是當代文化最突出的現象之一。國家主義曾被廣泛地描繪成民族的開明宗教，是神聖理性的某些特徵在國家共同體中最充分最完美的體現。值得注意的是，國家（Nation）和民族（Nation）幾乎出於相同的詞源，並被反覆交替使用，國家意識（National Consciousness）與民族意識（National Consciousness）由於詞性相同，其涵義也是相互交纏。它表明，國家主義能夠把民族的歸屬感與國家的主體感揉合在一起，使一種對某一文化和語系的族群的效忠精神，演變爲恆久的制度

化的政治心理建構。

　　一般說來，一個族群可以由於種族、語言、宗教，或文化的特點而把自己看成是一個民族或具有民族意識，不過，在絕大多數情況下，把不同的群團結合在一起的因素是共同的歷史文明和對未來的共同願望或共同命運的信念。這種信念作爲政治文化制度緊密相聯的國家共同體（National Community）的意識，代表了一種旨在維繫或改變某種生存狀態和社會秩序的意識形態系統，它是人類進入階級社會以來運用國家意識凝聚理想精神實現社會均衡的普遍制度形式。廣義上的國家主義並不僅僅限於政治學說的範疇，而是涵蓋了不同民族、不同國家的歷史文明或文化建制的概念，普遍存在於古典世界包括古代中國的傳統之中。

　　國家主義往往被看作某種偏狹的民族主義的變體，但民族主義只是近代國家的產物，而國家主義卻是貫穿於每個民族群體制度演變的始終。國家主義除了客觀的民族共同特徵外，還包括大量制度化的道德、文明和政治思想的

淵澱，它把人類的人本思想、民粹觀念以及民族意識的諸多因素整合在一起，形成了自己的傳統和力量，用以提昇本民族的文化、利益和獨立的地位。從某種意義而言，國家主義的淵源更為久遠，其內涵也更加複雜。

一、國家的理論以及國家制度的要素

　　在人類社會生活的早期，家庭是基本的單位，維繫家庭和群體的倫理體系只是血緣和親情。當國家取得至高無上的地位並與倫理體系結合之後，便產生了公共權威（Public Authority）和公共秩序（Public Order）等共同體觀念，這樣，早期的國家形態便作為體現共同利益和共同理法的象徵。最初，聚落社會（Settlement Society）是建立在親緣和宗族繁衍的基礎之上，而國家制度（State Institution）則是基於土地毗連和占有權。一旦專門的協調、歸化和管理機制發展起來之後，作為社會組織基

礎的親緣關係便被占有制取代，而領土單位或
地緣集團，開始作爲政治組織的原則，逐漸有
了社會化的意義。

　　「國家」包含了民族國家(National State)
和制度國家　(Regime State)　兩個涵義。從民
族國家的涵義出發，國家是指民族社會，即由
地域、種族、居民所組成的共同體；制度國家
則是指統治方式及其相應的文化背景，即這個
人類群團或特別範疇的首領及其政治經濟制
度。國家是與民族、傳統、家庭、秩序、地域
等共同體因素緊密聯繫的，在歷史的某些時
期，國家的發展是與傳統主義、集體主義、權
威主義、種族中心主義以及烏托邦主義相伴而
行的。

　　在形成國家制度的要素中，大多數的民族
國家都具有相同的特徵，如群體規模、生存條
件、生產方式、社會關係、組織架構等等，包
含很多酷似之處，但不能因此斷言它們的社會
制度和文化體系同出一轍，因爲每一個民族聚
落都有自己的敍事話語，這些神話般的歷史概

括並解釋了國家賴以存在的理由，以及引導民
族不斷擴展的經歷。

　　在一定意義上講，國家制度並不是一種純
粹經濟活動或生產技術的產物，而是一種文化
的、智力的和政治的結果。早期的農耕生產方
式，技術簡陋，產量極低，這種純粹自然經濟
形式沒有更多的剩餘產品供養他人，所以，與
生產技術和生活低劣相聯繫的是智力手段的薄
弱以及政治手段的強化。人性的蒙昧使多數人
不能意識到公共權力或公共利益的抽象概念，
但生存欲望卻不得不仰仗政治共同體的力量和
統轄。在一些人看來，國家好像是爲了保證新
的秩序和經濟關係而強加於民族和社會之上
的，它是用來制止群體對抗、平抑利益衝突的
一種工具。這意味著，由於人們之間實際存在
的不公正和不平等，國家的建立，將最終成爲
確保世襲貴族利益並對其他成員實行壓迫的制
度化工具。

　　對國家的這種特殊性質和作用，一直存有
兩種相互對立、各執一端的說法，一種是威權

主義（Authoritarianism）的國家觀，一種是
自由主義（Liberalism）的國家觀。前者認爲
國家文明的社會概括，毫無例外地都是統治階
級的國家，統治階級的經濟權力導致了精神上
和文化上的權力，結果是整個社會的上層建築
和意識形態也取決於統治階級，因而國家在一
切場合在本質上都是鎮壓被壓迫階級的機器，
它的權力合法性來自某一階層的道德認同，因
此注定要服務於某一個階級。這種基於歷史主
義傳統和古典社會形式而演繹的國家理論，顯
然是用來對抗建立在不平等基礎上的現實社會
的思想；但是，將國家的概念同貴族壓迫和人
的等級結構聯繫在一起，既有利於任何形式的
統治階級思想，也迎合了向專制集權發展的國
家崇拜趨勢。

　　自由主義的國家觀念也是用來對付建立在
不平等基礎上的現實國家的理論，主張國家應
該是完全獨立或絕對中立的社會組織實體。因
爲國家權力或政治系統來源於被稱爲整體社會
的居民共同體，它的性質在於，國家作爲最高

的集權形式，不依附於任何階層，所有集團和個人都必須服從這個權威。國家是通過形式上的平等關係建立在同社會活動集團的妥協與契約之上，國家權威擁有占主導地位的公共力量，通過它的獨占能力和再分配能力確保勢力範圍內的決策得到遵循，所以權力的合法性總是來自人民認同的法的原則。但是，由於國家的某些特徵表現了集團利益與民族文化的複雜性，強調個人自由與社會約束的契約性，實際並不能滿足個人與國家關係的解釋，因為國家行為或文化制度同個人意志的緣生關係被切斷之後，個人的行為也就變得朦朧不明，因而缺乏社會責任。

　　無論是威權主義的國家理論，還是自由主義的國家觀念，它們對國家共同體形式的臆測和理想，總是歷史某一特定時期政治思想或文化流變的產物。從根本上講，國家形態的出現作為人類文明啟動的象徵，首先是為了維護、保障人類群團的存在和發展。早期國家是血緣社會向地緣社會發展的產物，政治結構和管理

機制不外是天然家庭和親緣關係的擴大。有組
織的社會領域，也必然依照倫常生活的經驗性
規範，來建造生存方式的結構和生活秩序的圖
式。在古代的價值體系中，由國家主體形式所
涵化的群體取向始終處於主導的地位，國家觀
念不僅涵蓋了民族意識，也包容了社會存在。
在本質上，早期的國家制度是排斥私有觀念和
個體意識的，與之相適應的宗教文化精神，因
此蘊藉了組構最佳社會秩序和經濟關係的願
望，並將敬宗、樂群、互助、共享等集體主義
價值整合爲凝聚民族和社會的國家力量。

　　國家的倫理基礎來自對傳統、集體和權威
的普遍認同，由此塑造了平等與共存的可欲
性。國家的存在必須滿足兩個關鍵的條件，第
一，它擁有在某一地域的群體中使用合法暴力
的獨占權，第二，必須對這一地區的所有成員
提供保護，擁有社會汲取和再分配的權力。傳
統、集體和權威的價值認同原則，顯然滿足了
國家對獨占權力和再分配權力的合理性，因
此，國家制度的要素中包含了自然的領域性、

群體的公民性、社會的組織性以及政治的主權性等共同體因素。

　　強調傳統、集體、權威的倫理傾向，常常借助社會集團化的某些建構，如全民主義Populism）和民族主義（Nationlism）的意識形態認同，但前者不是指社會中全體人民的聯合，而是指一個虛設的道德總體，獨特的意志和獨立的生命是被排除在外的，因而全民主義不是個體私意的總和，而是代表了一種存乎其中又駕乎其上的道德體系──權力與公意體現的國家意志。後者則體現爲種族主體的歸屬感和認同感，通常是作爲民族倫理信念，是團體所有成員和追求合法主權的根據，它的作用是突破血緣和地緣的自然倫理，使文化共同體和政治疆域得以重建。這樣，文化認同和族群認同被政治權力的長期實踐提升爲較高層次的國家意識，共同體的內涵也更加擴大並理想化。這兩種群體觀念都以強調道德和精神的重要性爲前提，具有忽略外在制度的趨勢，而國家體系對社會和民族的包容，則體現了一種制度化

的建構。

　　全民主義抑或民族主義，都是作爲政治秩序的維繫或政治權力的實踐，而成爲國家形態的當然代表——威權政治結構的基礎。在近代中性意義的「守夜人式」的國家出現以前，專制主義 (Sultanism) 和集權主義 (Centralism) 的典型國家並不是強加於秩序之上的外在架構，而是與民族、社會、個人相互包涵的文化制度相適應的。那些有規模的國家或地域聯合的共同體，應用某種文化符號，依賴某些家族或集團的力量，以及某些特殊宗敎、網絡、倫理、習慣等等，將政治歸屬感和族群認同感統統加以整合，便形成一種潛在的國家主義意識。

　　其實，國家主義作爲一種歷史文明，曾普遍存在於人類社會的各個時期。作爲一種文化建構，國家主義代表了一種旨在維繫或改變人類某種生存狀態和社會秩序的思想體系；作爲一種制度體系，它象徵著人類進入文明以來政治經濟結構的不斷演變。早期的國家主義思

想，雖然外在表現形式和政治涵容方式呈多樣化的趨勢，但在總體傾向和內在義理方面始終是系統化的。它的理論雛型，大體可分成兩種：歐洲的國家主義淵源，主要緣起於古希臘柏拉圖（Plato）的國家學說；東亞的早期國家主義，則來自中國儒家的孔子學說。

二、中國的國家主義淵源——
　　孔子的政治學說

在中國，最早以道德理想重組社會秩序的文化先行者，是儒家先師孔子。他的學說較全面地表達了儒家對國家秩序和人際關係的關注，傾向用國家的力量和倫理的規範來作為傳統秩序的保障。他一直嚮往「為國以禮，為政以德」的理想社會，試圖透過道德化政治的擴展，確立國家權力的合法性基礎，實現政治穩定、人民敬業、社會和諧的崇高目標。孔子主張按照古代聖明君主的治國之道來管理社會，用養民以惠的為政原則來維持民眾與國家之間

的關係，概括了以民本思想和國家觀念爲主導的古代政治思想。

孔子所處的春秋時代，正值周朝社會「禮崩樂壞」的轉型時期，各種思想和學說相互爭鳴，都試圖對這個行將崩潰的社會施加影響。孔子除對「郁郁乎文哉」的西周典章制度和禮儀規範懷有無限景仰之外，一生最大的願望就是協助恢復王朝政治，至少要提出一些重構理想國家的方案，以期延長西周制度。孔子思想的核心是恢復社會安定，上下有序，根本措施在於道德的重建和新權威的確立，他視「公天下」爲國家本位，涵蓋了倫理主義、民本主義和大一統的皇權主義，從而奠定了早期的國家主義意識形態的基礎。

孟子是在孔子國家本位思想的基礎上，側重爲國家制度設計理想模式，主張「以戶析產」、「均田薄賦」的經濟制度，傾向肯定土地國有制和家產制，來作爲理想的生產和分配的模式。孟子一貫推崇「天下之本在國，國之本在家」的國家學說，並確認國家在社會生活和

家庭生活中的支配地位。在孟子看來，利用國家權力系統調集整個社會資源發展生產，增加財富，不僅是「得民心」、「王天下」的政治條件，而且經濟關係的合理性又可以維持國家體系的完整，滿足國家和民眾的共同利益。

孔孟原儒都是從道德主義的視角來理解國家的本質，所以倫理秩序就意味著政治過程。這個進路依賴於分殊的可變的差序格局，並透過皇權體制形成有效的合理結構和經濟秩序。因為倫理制度與國家主體在某種程度上始終作為文化和種族的當然代表，這種文化和種族的歸屬感，是儒家學說能夠順利駕馭中國政治的最微妙的因素。這樣，早期國家的主體意識主要來自以下幾個方面：一是訴之於未經提煉的鄉土倫理和宗族意識的泛化，二是借助抽象化的華夏中心主義（Sinocentrism）的提昇，三是仰仗某些普世主義（Cosmopolitanism）政治架構的認同。中國古代的國家觀不僅與社會觀相互涵容，而且也與民族觀相互交疊，因而強化了以國家主義為核心的共同體意識。

　　儒家學說運用道德倫理與宗法政治的必然
聯繫，演繹了「公利」和「均富」的思想，作
爲國家政治的憑藉。這是因爲，以民爲本的儒
家治世原則，不僅界定了士大夫階層的道德理
想和社會責任，而且影響了大衆階層基本的社
會心態、價值取向和生存原則。前者代表國家
的最高利益即「公利」的堅持，因而強調國家
的獨占性質，主張在共同體的範圍內「去私
產」，由國家確定財富占有和分配的原則；後
者代表下層民衆對「均富」的理想，傾向平均
主義的財富觀，主張不分等級不分貴賤實行「均
貧富」，強調國家的公平性質及道義責任。這兩
種觀念本來是對立的，但儒家的學說使其相互
融合，權貴階層維護特權的思想與大衆階層追
求平等的願望被巧妙地統一起來，變成了「公
天下」的國家主義意識。

　　其實，從漢字的表意推斷，中國的「公」
觀念可以理解爲是與共同體或共同體之首領相
關聯的東西。因爲早在春秋時代，以道德的正
反涵義看待「公天下」的思想已經出現，「公」

字不僅用以表示向周圍人開放的「公開」，也用以表示分配財物的「公平」或為政理事的「公正」。類似於「公天下」這樣的共同體生活的描述，可以從儒家經典《禮記》中予以體認，即「大道之行也，天下為公」的思想。在這個大同世界裡，人人均不是只顧自己一家，而是從老、壯、幼到鰥、寡、孤、獨、殘均有所供養，財富不為個人所藏，個人的能力及勞力也不只為自己所用，因而社會沒有盜賊，外出也不須閉戶。《禮記》不僅用「公天下」的觀念來表現國家秩序的最佳狀態，也具體構造了「天下為家」的農業社會方式，作為小康文明的象徵。

可見，從孔子學說中抽繹出來的平均和共有意義的「公天下」，具有政治和道德的普遍意義，因為它是根據天道的無私不偏推衍出來的公平與公正的社會，這樣，屬於「公」領域的朝廷、國家，便由自然的公共性轉化為原理的公共性，即聯合的共同性。由此衍生的「公產」的概念，既是指官有財產，也是指共有財產，具有國家獨占和人人共享的模糊含義。這個相

對寬泛的概念，最終是以家產制國家（Patri-
monial State）的形式，協調士、農、工、商
四個社會等級。所以，像「天下爲公」、「公則
天下平」、「天下乃天下人之天下」等觀念，不
僅包含了民本主義的全民概念，也概括了民族
主義的整體概念，使古代的公共領域實際成爲
民間社會、種族主體、國家建構的統一體。

　　在儒家學說的框架內，國家即是社會、社
會亦是全民的觀念，就是將「公」的共同體意
識、首領的權威意識以及民衆的公理意識滲透
到共同的文化制度中。國家把經濟依附和政治
依附的原則加諸民族、社會和家庭之上，最終
透過建立一種占支配地位的意識形態，來取得
政治意義的法理基礎。這是因爲：其一，要爲
宗法結構及其財富機制提供道德意義的倫理依
據，旣有利於農業社會秩序的維持，又具備了
國家干預經濟的道德基礎。其二，要爲社會各
階層提供政治意義的利益均衡機制，爲國家體
制和等級秩序提供法理的認同依據，保障社會
經濟活動的有效進行。其三，要透過國家力量

和社會關係網絡的滲透，協調社會不同集團的
利益，避免因利益失衡而帶來人際關係的疏離
和異化。

　　孔子學說作爲古代的道德敎化體系，主要
用於擴充外在制度的調適性，並致力解決因社
會活動和財富分配帶來的道德問題。孔子提出
許多具有重要文化意義的社會理論，其中的性
善觀念、仁禮觀念、忠孝觀念等都是圍繞國家
主義的建構而演繹的倫理思想。這表明，儒家
是以「內聖外王」的方式參與價值組合的，並
習慣於把信仰權威與世俗權威整合到一起，因
而特別強調敎育的國家目的性。中國古代敎育
歷來有直接參與管理的政治功能，讀經——科
舉——仕途一直是國家敎育的理想運作路線，
因爲敎育對於個人達到利祿的生活目標，與國
家達到長治久安的政治目標是一致的。

　　早期的國家主義理念，涵化了華夏文明的
歸屬感和種族主體的認同感，它作爲農業社會
在國家結構中長期沉澱的集體主義和烏托邦主
義的意識形態系統，並不是單一的血統或地緣

關係作爲歸屬對象，而是把共同的文化和歷史
當作最終的依歸。以皇權爲中心的國家組織形
式，既是公認的道德楷模，又是價值的物質承
當，所以，家庭、社會、民族的整體性是透過
政治系統來實現和維繫的。國家主義不僅爲人
民對自己國家的忠誠提供了倫理主義的基礎，
而且透過界定國家在文化結構和經濟制度中的
主導地位，強化了傳統主義和權威主義的凝聚
力。國家主義作爲一種寬泛的貴族共和思想的
提昇，它在文化建制中的普世價值和秩序思想
形成了大同世界的理想。雖然在政治權力的長
期實踐中，大同理想逐漸失去了原有的烏托邦
色彩，但無論歷史怎樣變幻，它始終是維繫文
化共同體和政治共同體的精神基礎，成爲農業
社會普遍意義的文明範式。

三、歐洲早期的國家主義——
　　柏拉圖的理想國

　　柏拉圖生活的時代，正是希臘奴隸制城邦

由繁榮走向衰落的社會震盪時期。傳統的倫理
準則、信仰、法律逐漸趨於瓦解，公民也不再
追求勇敢、節制、智慧、公正這樣的道德生活。
民主政治雖然一度恢復過，但實際已被貴族的
集體僭政所取代，柏拉圖在這樣一個變幻、墮
落、絕望的社會環境中，不得不考慮個人道德
的自我完善同國家的關係，並因此去憧憬一個
公正的烏托邦式的國家形式。

　　柏拉圖的政治綱領主要是記載在兩部對話
體的長篇論著中。雖然他的前輩也曾對希臘城
邦的政治前途作過深刻的論述，但柏拉圖是出
於一種對秩序、安寧、平和的夢想，來尋找失
落了的國家精神。因此，重新確立價值以及重
新塑造國家的權力基礎，實現哲學家的公道與
正義，是他的理想國的核心思想，這與孔子學
說非常接近，同樣帶有以道德轉化政治的色
彩。

　　類似理想國這樣的烏托邦構想一般都產生
在社會矛盾空前激化、天下動盪不安的時代。
在這種特定的背景下，人欲橫流、道德淪喪的

社會頹敗現象瀰漫的結果，是新的社會理想方
案的上台。這些理想往往以限制集團利益或一
己私欲而強調集體主義價值，以壓抑人的個別
性而主張社會的一統性，傾向用重組政治秩序
的方式，把個人和集團的利益、思想、信念都
規範到國家共同體的範疇。

　　柏拉圖的理想國來自對氏族制度的美化，
目的是為瀕臨瓦解的歷史文明重建思想和行為
的某些標準，所以他是根據一個詳細的理想方
案來設計整個社會的。在柏拉圖的理想國中，
這個描述義的社會圖景只是一個靜態的和虛擬
的道德共同體。柏拉圖認定這個共同體在操作
中不會出現差錯，人們也不會突破這個精心編
織的倫理網絡。

　　在申述自己的國家觀念時，柏拉圖是以政
治的倫理化作為依據，認為精神王國在變化無
常的塵世投下的影子就是理想國，這是造物主
預先設計的理念世界的再現。基於哲學美感與
秩序美感永恆一致的理念，他主張維持由哲學
家、武士、商人以及工匠和農民組成的四個等

級的秩序，因為哲學家是智慧和美德的化身，居於國家最高地位，他們掌握權力，並自行其是地領導國家，武士則比哲學家低一些，他們是英勇果敢、意志堅強的等級，其職責是保衛國家不受國內外敵人的侵害，而社會金字塔的最底層是肩負勞動和供養重擔的工匠和農民，他們的心靈裡充塞著淫欲和貪婪，由他們負責供給高等級階層一切生活必需品。這樣，各個等級在嚴格劃定的身分領域內生活，彼此互不僭越，互不殘害，於是公正便實現了。

　　在理想國中，只有少數的統治精英才擁有支配社會財富的權力，因此，統治階層的團結是至關重要的。柏拉圖得出這樣的原則：內部分裂是由階級間的經濟利益衝突引起的，這是一切政治革命的推動力，為了避免統治階層的矛盾與衝突，他提出在第一和第二等級中取消私有財產，即實行公產制（Public Property）。同時，他認為私有財產主要是家庭遺產所致，所以他又主張取消家庭，實行公妻制（Public Wife）。按照柏拉圖的邏輯，私有財產會造成競

爭和差別，只有摒棄個人的享樂和虛榮，才能
穩定統治層，進而穩定國家。所以，理想國實
行共產、公妻、公子女以及共同生活的原則，
是恢復國家信念的源泉所在。

　　柏拉圖看到社會貧富差距日益擴大而潛在
的危險，但他提出遏制私有財產的主張，其本
意不在消除不平等的財產占有關係，而是出於
對古代氏族公有制度的超情理的美化，強調國
家對權力和財富的獨占性質。因為利用統治層
的集體占有制來取代個人的財富暴斂，旣可以
避免由於財產分化帶來的社會分裂，又可以加
強所有階層對國家權力的依賴。雖然這有悖於
社會經濟發展的正常要求，卻可以一勞永逸地
鞏固特權階層的獨占地位。柏拉圖為了確立貴
族統治的道德合理性，強調治理國家並不是為
了個人利益，而是為整個社會謀取好處，這是
對古典政治理論最集中的概括，因為通常大家
極力追求權力，並不是由於權力是人們所需要
的東西，而是在於有了特權就可以獲得物質上
的利益，但這種權力將嚴重腐蝕政治。為了增

強政治權力的合理性，柏拉圖把個人的政治品德提昇到爲全體公民謀利益的國家公僕的層次，但他過高地估計了在國家機器中握有實權的那些人的道德傾向。

柏拉圖十分重視教育的國家目的性，認爲一國的人民都要有健全的人格，循規蹈矩，則法律是不需要的，如果一般人們肆無忌憚，放縱感情，損人利己，則法律也將失去作用，所以他主張依據聖賢的智慧和德行來治理國家，教育國民。理想國孕育了透過教育和優生來創造優秀種族的思想，包括尊老奉上、管制少年、集體訓練、公共膳食、集中教育等措施。但由於道德的問題，本國公民不能由隨意結合的父母所生，必須依照優生的原則，希望他們是最優秀的人的後代。這種理想的國家秩序和人倫秩序，顯然是一種國家主義的藍本。

實際上，柏拉圖在《共和國》一書中提出的重組社會秩序的理想方案並不爲人們所接受，連他的學生亞里士多德（Aristotle）也反對理想國的主張，認爲「在一個婦孺公有的社

會中，友愛精神一定削弱」，柏拉圖只好聲稱他
的理想國只是爲神和神的子女準備的最高信
念。後來他在《律法》中的一些論述，顯然比
較接近社會改造的實際，有些類似小康的色
彩。他用賢能政府的概念來代替陳舊無效率的
制度，打算運用國家的力量全面整治社會，並
賦予新秩序下的國家擁有統治公民如同役使奴
隸一樣的權力。柏拉圖雖然取消了針對哲學家
和武士階層設計的共產制和公妻制，但爲了防
止財產私有引起致命的貧富分化，又規定必須
把超出限額的財產交還國家，由國家用於社會
福利。

　　亞里士多德總結了柏拉圖的思想，仍舊習
慣於從道德的角度來闡釋國家和法律的原則。
他直截了當地論證出身、財富或智力確立的政
治特權是合理的，把國家的存在和好處都看成
是由文化、財力和高貴集團等因素構成的。與
柏拉圖不同的是，亞里士多德不主張用共產制
的辦法來改變財產不平等的既定關係，認爲在
任何國家中，總會有三個階層的公民，即十分

富有的、極度貧困的，以及介於兩者之間處於
中間地位的，哪個地方中間階層人數最多，那
裡便會出現良好的管理和穩定的國家。像柏拉
圖期盼斯巴達式的強人統治來作爲雅典城邦政
治的救星一樣，亞里士多德指望馬其頓國王亞
歷山大（Alexander the Great）對希臘進行有
益的干預，結果君主集權終於傾覆了共和國的
傳統，新的威權主義統治憑藉暴力和征服使希
臘各城邦處於恐怖之中。

　　柏拉圖是從沒有私有財產，沒有個人權
利，也沒有剝削和奴役的烏托邦精神去憬悟國
家主義的，其內在特徵是以道德倫理來強化政
治，以國家權力來塑造社會。這種典型的國家
主義思想，一方面代表了承續氏族公有制度、
維持奴隸制城邦和貴族集體壓迫格局的文化傳
統，另一方面又確立了延長貴族共和制度、利
用公共福祉說教鞏固統治階層特權的政治策
略。儘管柏拉圖在現實社會並沒有達成理想國
的願望，但他的思想對後來的專制主義和集權
主義有著不可估量的影響。

四、早期國家主義的基本特徵與概貌

　　「大同世界」和「理想國」兩個烏托邦反映了中國文化與歐洲文化的異同，一個是作為阻止國家免於道德分崩和社會裂解的救世方略，一個是作為重建國家權威、恢復公民信念的理想摹本。從文化功能看，無論是孔子的大同理念，還是柏拉圖的理想國家，均是作為提昇人們的精神信念、安頓人們靈魂的終極關懷。而各自的類似小康模式的亞態社會理想，則是透過降低烏托邦的品位而更遷就於現實，滿足人們在現世中的最低生存要求，這雖然銷蝕了烏托邦主義的超越性，卻加強了世俗社會權力與道德的建構，從而具有共同的國家主義內涵。

　　在通常的情況下，文化傳統中的集體主義和烏托邦主義會加強國家主義的趨勢，因為權力的壓迫性質是同國家對暴力和財富的獨占性

質緊密聯繫的。國家主義偏重於宗法制度的安排，帶有強烈的消除或緩解經濟不平等，傾向以公共權力確保民衆福祉的願望。在國家主義的架構中，權力是一種被道德倫理所規範的概念，當國家制度有權要求其他任何成員在一種社會關係中服從權威的意志時，群體關係和情理判斷的價值標準確認了這種權力，並把它賦予享有支配地位的特殊集團，從而建立以權威主義爲核心的政治秩序和社會秩序。

中國早期的國家主義形態，首先是利用與國土沒有聯繫的集體表象，涵化了政治共同體意識，同時利用君主制神話使國家凌駕於社會和種族的整體之上。國家主義把倫理制度與人的現實等級結構連結在一起，既有利於維持集體主義目標，也符合向專制集中發展的國家崇拜趨勢。而儒家學說應用到道德和價值的領域，只是接受那些爲宗法目標而設計的理性觀念，如宗教、倫理、道德、習俗以及政治特權這樣的傳統設制，並奉爲唯一合理的社會模式，所以，個人生活與公共權威的領域是一致

的，儒家學說也始終作爲威權政治所倚重的意
識形態。這樣，儒家思想中的國家主義傾向是
在傳承貴族共和制的基礎上，適應了建立更加
集權、更爲遼闊的政治文化共同體的需要，而
所有臣民都被忠君愛國的精神所維繫。

　　在柏拉圖的國家學說中，古典民主政治的
概念，其實是與國家主義形態相互糾纏的，因
爲國家制度中的貴族民主和等級結構都是體現
種族壓迫的奴隸制的產物，居於統治地位的單
一種族內的合理秩序是透過共和主義（Jaco-
binism）這一傳承來實現的，此種政治結構往
往帶有集體主義和烏托邦主義的因素。古典城
邦政治的最大特色是造成一種可以使全體公民
超越自然情欲而認同集體目標的普遍意志，用
以促使個人道德的自我完善乃至社會和諧無私
的實現。柏拉圖的國家主義思想，無疑是提供
了這種超乎個人私欲和私意之上的普遍意志，
作爲城邦政治的最後蘄向。這種體現了貴族民
主思想的統治形式，雖然與中國的政治一統方
式略有不同，但在本質上都是以專制和集權爲

要務。

　　緣於各自的國家主義傳統，孔子和柏拉圖都強調國家目標與民眾利益的一致性，並將一切社會關係置於國家體制的約束和控制下。包括種族、家庭、占有制等等都毫無例外地服從宗法人倫制度的規範，人們的經濟活動和利益分配也要最大限度地依靠政治制度的調整，這樣，社會的一切活動都被局限在一個由道德信念和文化制度所衍生的烏托邦框架內，政治也被理解為某個群體有權決定國家政務的集體主義目標。基於相同的歷史傳承，為確保國家共同體的神聖性，除了強調天命或神授的權力意志外，還必須排斥結構中的情感成分，以防止權力和意志成為任意的，因而強調威權體制和精英統治的合理性，這使得國家主義在道義上具備了認同某個宗法勢力以實現集體目標為由表達公意的基礎。

　　孔子學說和柏拉圖學說都是以地理環境和文化傳統作為認知基礎的政治表達方式，它把主宰民族和社會價值取向的國家主義觀念習慣

地延伸到制度建構中，這些因素包括：㈠都強調國家意志的普遍性，主張一切社會等級或利益集團均應無條件地服從國家的權威與秩序，孔子主張以「法先王」作爲國家秩序和結構的楷模，柏拉圖則提出「哲學家皇帝」作爲統馭國家的權威。㈡都強調道德在國家建構中的地位，主張宗法倫理與賢人德政相互契合的道德化政治，孔子是以「爲政以德，譬如北辰，居其所而衆星拱之」作爲對道德化政治的體認，柏拉圖則以執政者的美德和智慧作爲權力的基礎。㈢都強調國家統攝暴力（或武力）的合法性，將國家公共力量視爲維持社會統一的基礎，孔子把國家暴力的使用視爲「威不軌而昭文德」的法寶，柏拉圖則把武士集團視爲捍衛國家秩序的公共力量。㈣都強調透過國家的政治形式來組構經濟關係和占有制格局，具有否定私有制度的公有和共享的願望，孔子是以「不患貧而患不均」來強調國家占有和均平原則，柏拉圖則是透過取消私產，實行共產制和公妻制來達成社會和諧的目標。㈤都強調公民教育

的國家目的性，將教育作爲提昇道德水準保障
政治秩序的公共手段，孔子親自杏壇設教，傳
授教化的思想，柏拉圖也以身示教，強調公民
教育的國家化。㈥都強調以超種族的倫理中心
主義對待現實中的民族問題，孔子是以「諸夏
用夷禮則夷之，夷狄用諸夏禮則諸夏之」的文
化認同原則來看待民族關係，柏拉圖則是用「至
善理念」的普世價值和希臘化原則來調適種族
的相合融合。正是基於上述的諸多共性，他們
都設計了沒有戰爭、沒有暴虐、沒有墮落、沒
有貧窮的烏托邦社會，藉以寄託自己的國家主
義理念。

　　綜上可以得知，早期的國家主義是一種建
立在傳統基礎上的蘊含集體主義和烏托邦理想
的權威主義政治形態，它具有以下的特徵：

　　作為一種社會理論　體現了由國家支配社
會，政權凌駕民權的集權意識，是一種依賴政
治威權和意識形態體系將人們及其價值模式納
入國家體制的秩序架構。

作為一種文化系統　代表了等級社會的宗法觀念和地緣政治的某些建構，是一種透過倫理秩序和階級結構來界定群己關係的價值體系，它使得全體社會成員在歷史的進程中具有內在的一致性。

作為一種制度規範　代表了依照某一思想方案維持或重組社會秩序和經濟關係的公共權威或共同理法，是協調統治者與民眾關係的傳統政治方式，傾向以武力維持或重組社會的公平與正義。

作為一種經濟結構　以土地國有制和宗族家產制作為基礎，依靠自然經濟規律和超經濟強制來組織社會生產，並透過權力機制和等級結構來分割社會財富，確定占有制關係，仲裁不同的利益。

作為一種價值範式　是以承諾生命、權利、幸福、機遇都人人均等的政治統治精神，來壓制自由的理性，消除人性對行為的影響，最終削弱所有人的能力和智性，排斥以自由、

民主、人權爲基礎的普遍價值。

　　早期的國家主義是倫理主義政治的典型，它在集體主義和烏托邦主義的推動下，獲得了道德意義和法理意義的權威統治基礎，成爲延續階級壓迫和不平等格局的普遍意識形態。國家主義的核心是維持少數人絕對統治的政治秩序和社會制度，它利用人與人之間實際存在的不公正和不平等，將消除社會對立的道德理想用威權政治或國家法統來加以規導，依此平衡和滿足社會不同成員的生存需要，是凝聚集團利益或民族價值的重要的心理文化建構。

　　歷史上，所有龐大的中央集權國家或官僚貴族體制國家，都是得益於國家主義的維繫。像古代的埃及、印度、巴比倫、中國、希臘、羅馬、波斯等早期文明國家，以及後來的德意志、俄羅斯、土耳其、日本等帝國傳統深廣的國家，都可以在它們的文化承傳中追溯到國家主義的踪跡。由於政治的倫理化和威權化排除了從外在制度上對權力加以限制的任何可能性，早期國家的政治進步緩慢，究其原因，除

了歷史環境和生產方式的原因之外，在很大程
度上是由於國家主義因素的強大制衡所致。

第二章
封建化時期的國家主義
形態及實踐

　　若從文化哲學之視點去闡釋國家主義，可以得知這是一種倫理化政治的思想建構。它涵攝了精英倫理和大眾倫理的諸多理想因素，並規定了人們精神、價值和行為的文化整體狀態——個人與國家關係的某種固定模式。它曾是奴隸制和封建化時期普遍的社會文明方式，一方面，它不斷激勵以道德滋潤政治的理想精神，另一方面，又不斷強化以政治宰制經濟的傳統秩序，當它抽象的道德合理性一旦落實於社會政治的實際生活時，便自然而然地形成一種制度形態，即由傳統主義、權威主義、集權主義所支撐的國家主體形式。這種多層面的文

化心理建構不僅成爲漫長封建統治的思想基
礎，也不斷造成對權貴階層有利的道德僭越，
涵蓋了歷史上的暴君統治、集權化的開明君主
專制、軍事暴力獨裁，以及官僚化的威權統治
等等。

　　國家主義形態是從倫理中心主義的層面認
同象徵宗法特權的國家獨占原則，所以貴族采
邑制和官僚家產制作爲封建化時期典型的政治
經濟秩序，並非是一種嚴格意義的私有制度，
而是身分倫理 (Status Ethic) 和宗法特權的一
種物化 (Pass Awat)。就其本質而言，國家主
義是排斥私有觀念和個人權利的，以皇權爲中
心的國家系統旣是作爲公認的道德楷模，又是
價值體系的物質承當，這種權威體制概括了前
資本主義時期所有類型國家的歷史演變過程。
近代意義的市民社會或公民國家 (Popular-
state)，是在資本主義革命否定了傳統的國家
形式和宗法權威，個人領域和公共領域被明確
劃分以後才出現的，顯然這是財產權和人身權
利被共同的法律制度確認以後的產物。同樣，

當國家的公共性質和絕對權威被種族主體認同之後，民族國家和民族整體的意識才隨之凸現。國家主義和資本主義不同的歷史脈絡在於：後者在理論和實踐上已將個人、社會、民族的權利實體形式同國家的政治形式嚴格分開，形成了新的國家關係，而前者則始終以國家組織形式包容家庭、社會和民族的存在，並不斷弱化它的內質。

一、政治的道德化與國家主義的權威基礎

在人類文明的進程中，國家是衡量一個民族的社會倫理和個人自由程度之最高形式，也是檢視道德價值與政治基礎能否相互適應之最高標準。封建化時期的國家主義建構，始終追求倫理秩序的最佳狀態，政治的道德化乃是那一時期國家權威追求政治合理性的最普遍形式。政治權力的運作在很大程度上依賴於道義的優先性，依賴於道德體系對權力結構作出合

理性的解釋和認同。

　　在古代的價值系統中，道德的原則總是建立在人們相互關係的判斷之上，道德往往意味著國家實現最低限度的公平和正義。可以說，前資本主義時期的社會形態都是過高地強調了道德的基礎作用，在排斥法律制度的同時依賴宗法倫理維繫共同體社會。這種秩序的內在規律以追求社會和諧、體現共同價值作為道德的合理性，是一種共同體主義（Communitarianism）的倫理化政治結構。像中國即是從政統和道統出發，追求一種以人們相互依賴為基礎，以服從皇權恪守義務為核心的道德化的秩序模式；生活在君主政治下的歐洲各國也注意培養品德並把公共利益置於個人權益之上，以便從道德上維持各安其位的等級秩序。政治制度通常所維護的是社會中的不公正和不平等，在很大程度上是透過共同體主義的道德歸屬感來體現的。

　　共同體主義的歸屬對象顯然是社會性或群體化的，它包括群體道德的價值取向、社會政

治理想或國家制度結構的價值合理性等等。共
同體主義是從抽象的道德合理性出發，強調社
會、傳統、群體、關係等非個人因素的基礎性
和必然性，進而把人類視爲既能馴順於政治秩
序，同時又具備個體完美德性之生命群團。共
同體主義通常是以道德方式而不是法律方式看
待社會中的不公正和不平等，由此演繹的「善」
觀念和「公」觀念便作爲道德轉化政治的基礎。
這樣，倫理秩序和政治權威被一種以道德爲輻
輳的價值觀所主導，追求普遍幸福以及共同實
現的合理性，就被引向生活秩序和政治秩序的
最終體認。

　　一般說來，古典的政治學說都認同國家及
其權威在公共領域擁有唯一的統轄權，包括對
宗教、教育和道德的統攝，這是國家主義能夠
向社會深層擴張的政治條件。像部落的酋長、
城邦的執政官、封建領主或專制君主，都擁有
統領一切的權力，它使象徵公共權威或公共利
益的政治統治具有獨占的性質。這種占主導地
位的國家權威，能夠最大限度地使用暴力潛能

或施以強制力量的影響，但需要得到價值和道德的認同，因為權力越是依賴直接的顯而易見的暴力，就越違背價值體系，也越顯失公平。封建化時期的國家主義形態，正是以道德價值認同的合理性出發，去尋求國家權威的政治基礎。

實際上，前資本主義時期的國家建構都把「公」觀念和「善」觀念視為能夠提升權力感、個人威望和公共秩序思想的東西，作為權威政治的基礎。將一種個人的道德情操轉換成社會的價值系統，是封建化政治運作的主要形式，因為擴展統治者個人的品德和人格同時也是確立國家權威的基本途徑。政治的道德化是把賢人德政的精英倫理推向一個社會神話的框架，不斷用新的道德價值替換舊的權威，從而適應封建化時期國家家政化和政治倫理化的宗法性質。以統治層的善良仁慈和德高望重作為國家權威的基礎，是抽象的道德合理性在公共領域的集中體現，在近代法制社會出現之前，通常作為法定合理性的唯一形式。

　　國家主義的理路在於它不斷謀求權力的全面更新以擺脫社會深刻的價值危機，當早期涵攝的集體主義和烏托邦理想已經不能滿足頻繁變化的政治結構時，即權威的道德認同原則已經喪失時，國家便會出現新的權威來充填政治空白。按照韋伯（Max Weber）對權威來源的分類，所謂政治權威主要來自三方面的基礎，即傳統合理型，特殊威望（或基理斯瑪）合理型以及法定合理性。在通常的情況下，權威的基礎主要來自傳統的合理性，這種權威由於它本身歷史久遠，被視為天然的合理性，同時，傳統道德對權力來自天命或神授的理念也是認同的。所以權威的意志就是法律，不受任何限制，人們敬畏奉迎它只是因為他的天然職權，但道德和價值的維繫卻認同他作為公共權威的化身。而另外的特殊威望合理型和法定合理型，強調權威個人的道德魅力，強調制度沿革的合法性基礎，實際是作為對傳統合理性的補充。這樣，由於傳統的合理性，個人權威的道德合理性、公共權力的價值認同合理性三者相

互融合，便成爲封建化時期國家權威的主要來
源，國家主義形態因此也蘊藉了傳統主義、權
威主義、集權主義的深刻內涵。

國家權威的確定，是在政治權力統攝道
德、宗教和教育的基礎上實現的，因爲宗教具
有泛化道德的調適功能，而且往往與國家體制
相結合。宗教所從事的官方祭祀活動及道德禮
儀的說教，實際是一種國家事務，目的在於維
持世俗社會的政治秩序和文化秩序，具有統領
道德和意識形態的主導地位。封建化時期普遍
存在的政敎合一的國家政治形式，包括中國儒
敎中道統與政統的結合，歐洲基督敎中敎會與
王權的統一等，均體現了宗敎文明對國家權威
的支持。教育形式則是作爲普遍方式的道德敎
化，由國家或宗教來承擔，它從更廣闊的社會
範圍，維持和諧的宗法秩序，塑造大眾倫理的
價值形態和道德模式，但這種泛道德主義的大
眾教育形式，使人們只是明於倫理而暗於法
理，明於敎條而暗於思辯，最終替代了大眾對
生命意義和生存方式的省思。

　　將倫理秩序理解爲國家的政治過程，是封
建化時期一切國家形式的基本理念。因爲賢人
德政的理想秩序觀念，本身並沒有確立外在法
律制度的願望，民衆爭取權益的程式全部被封
閉在國家權力運作的道德目標之中，濃厚的共
同體意識和道德歸屬感便會促使權威主義和集
權主義不斷擴充。同時，倫理共識作爲農業社
會的立法依據，將宗教文化的精髓全部提取出
來，泛化到一切社會組織之中，發揮比國家政
治更加有效也更具約束力的作用。國家主義雖
然譴責暴虐、墮落和惡行的不合理性，但同時
又把政治的道德化演變成倫理秩序的本土化模
式，把皇權體制和等級秩序作爲群體生存方式
的合理性結構，其主導機制是：㈠透過削弱個
人的智性和能力來實現道德的淨化，㈡透過承
諾大衆的生存與幸福來壓制自由的理性，以此
來維持各安其位、互不僭越的不平等格局。

　　道德化政治的建構是古代農業社會的產
物，這種以踐履個人道德義務爲準則的價值形
態，把德化人生與規範政治的目標都整合在一

起，只是爲了達成強權和敎化下的道德人格的
完善，但是，人們由於普遍缺乏起碼的人身權
利和財產權利，最終只能更加依附於宗法制度
的支配，這顯然又會加強國家權威的傳統合理
性和道德合理性。國家主義形態在理論和實踐
上，都遠遠超出單一的宗敎型、習慣型、敎化
型的文化模式，它所貞定的道德範典和應然意
涵，是把權力和財富的基礎都歸結爲天命意志
或宗法制度的合理化安排。因此，以道德轉化
政治的理想，不僅沒有形成對國家權力的合理
性約束，反而成爲一切統治階級的永久性護身
符。

　　國家主義是依靠理性價值和權威精神來實
現社會公正的模式，這種旨在根據某種道德理
想重建國家合理性結構的理念，就其社會意義
而言，都將迅速導致極權主義（Totalitarian-
ism）。它最終是向執政的官僚或新貴提供特
權，而使大衆的道德立體感失落，當反權威化
的現象不斷蔓延時，又加速了個人與國家的疏
離。周而復始的是，當新的等級、特權、腐敗

又伴隨著權威的失落重新孳衍的時候，便又恢復和加強了國家主義的合理性，這是封建化時期政治形態的演化規律。

二、經濟的政治化與國家主義的集權趨勢

從社會發展的趨向看，國家的出現，乃是人類相互認同、相互依賴的結果。在所有的社會共同體出現以前，人類作爲智能動物，主要是依靠自然法則而生存的，這些自然法則包括：一是期望和平地生活；二是企盼有充足的食物；三是相互認同對方的存在；四是願意過社會生活。人類按照自然法則規導的生存方式生活，雖然只是源於單純生命的本眞，卻是體現了對生存環境和生活秩序的強烈願望。當人類訴諸暴力劫掠和野蠻征服作爲解決生存衝突的唯一方式時，顯然破壞了和諧、統一、相互依存的自然法則。出於這種背景，人類的權利意識是基於個體的基本生存和生活目的而產生

的對主體價值的確認和要求。

　　當國家出現以後，對權利的確認不在於自
然狀態下人類群團對土地、牧場、山林、湖澤
等生存環境的自然性歸屬，而是取決於政治共
同體對價值主體的習慣性認同。凡是國家勢力
能夠延伸到的地方，政治權力的獨占性質往往
決定了某一特殊集團對社會資源的習慣性支
配，國家壟斷公共領域的結果是最終排斥個人
與自然物之間的任何聯繫，代之以國家權威對
一切存在物的涵蓋。「普天之下，莫非王土，率
土之濱，莫非王臣」的出現，雖是中國政治傳
統中宗主權決定財產身分關係的鮮明寫照，但
這在全世界的範圍內，在所有的前資本主義社
會都是一種普遍的現象，像中國的皇權家產制
(Monarchical Power Patrimonial)，中世
紀歐洲的封建采邑制 (Feudalism
Beneficium) 等等，儘管形式各不相同，但都
是作為政治權力壟斷經濟活動和財富分配的典
型制度。

　　實際上，把國家當做中心要素，把政治現

象視爲具有自身邏輯和歷史的特定規則，可以
印證用有關經濟基礎如生產關係和勞動分工闡
釋國家產生的理論欠缺。若從國家演生的經濟
範典中考察所有制關係，可以得知，古典的商
業行爲或經濟關係始終是受國家這個中心要素
支配的。由於社會秩序中的封建因素逐漸趨於
弱化，專制王權實際成爲約束經濟活動並導致
社會停滯不前的總根源。在國家主義的秩序
中，是以普遍王權的概念爲中心結構的，在這
個結構中，政治系統的邊緣部分完全受中心的
支配，經濟關係的概念只是它的緣生部分，因
此，國家不允許任何獨立的力量存在，也絕無
發展與之相抗衡的經濟勢力或其他社會力量的
可能。與民間社會爭利，並抑制民間財富的積
累，是國家主義形態的普遍要求。

　　在古代社會中，由於生產力低下，社會分
工薄弱，國家有力量將社會生活的一切都納入
其控制之下，政治領域和經濟領域並沒有嚴格
的界線，公共領域和私人領域也沒有明顯的區
隔。貴族世襲制和官僚家產制作爲與國家政治

形式有直接聯繫的經濟制度，本身並非是一種
嚴格的私有制度，而是身分與特權的物化。國
家做為這種制度的中心結構，不僅要維持道德
化的政治格局，也要延續政治化的經濟形式，
以便依靠倫理精神和宗法聯繫確立共同體的價
值。所以，國家主義建構一方面要不斷爲民衆
的生存尋找天堂樂土，藉以安頓他們的靈魂，
另一方面還要把民衆的要求限制在宗法秩序之
內，用以約束他們的行爲。這樣，經濟生活始
終被政治權力所規範，並被推向一個理想的共
有和共享的烏托邦世界。與傳統的經濟範典相
悖，前資本主義時期的國家形態，是在政治權
力的合理性基礎上，才獲得了壟斷經濟和財富
的合法性。

　　采邑制和家產制是封建化時期政治統治和
經濟活動相結合的最基本形式。在類似的模式
中，儘管有默許土地買賣和私人占有土地的現
象，但主流形態是奉行國家獨占的原則。國家
始終持有對任何謀利行爲或財富分配的超經濟
強制，並以此作爲平衡經濟生活、規範社會責

任、確定利益格局的基礎。以政治權力宰制經濟活動的模式，是將集體主義形式同人格依附、經濟依附的宗法統治精神結合起來，這樣，在一種依附的關係下，人們之間是不可能發展為契約關係的。但是，資本主義生產方式的出現，把一種奴役和服從的關係改變成一種利害的關係，自然引起社會的全面變革。

　　國家主義的社會構想，是以權力系統和關係網絡作為媒介，來控制社會的一切活動，它的負面效果在於：一是這種格局沒有生成權利平等的價值取向，而是助長了對政治制度和倫理秩序的依賴，皇權利益和家族利益排除了純粹的個人利益，社會經濟關係實際成為結構式的人格依附和政治依附。二是普遍的依附心態使人們的行為缺少成就感，習慣於自然的安排，並始終停留在功利價值和宿命倫理的階段，滿足現存秩序和既得利益。三是傳統的分配模式在強調皇權利益和貴族利益的前提下，掩蓋了事實的不公正和不平等，人們的利益機制也始終凝固在身分等級和權力強制的階段。

四是以維護民衆的利益作爲國家政治的道德基礎，最終變質爲政治權力制衡經濟行爲的合法依據，封建國家可以在維持民衆最低生存限度的基礎上，毫無限制地發展宗法集團的特殊利益。

歷史上，統治者爲了提高政治權威，通常都要把民衆的生計列入治國的目標，但在對待經濟行爲和財富生成方面，卻始終強調宗法價值的天然合理性，從根本上否認勞動創造財富，特別是否定個人勞動是使自然物轉化爲私有物的內在聯繫，並把道義的優先性作爲選擇經濟手段和分配形式的唯一依據，強調身分倫理和宗法特權而排斥經濟平等的原則。在經歷了頻繁的社會裂解和權力組合之後，新的國家形態都致力於經濟活動與政治目標的整合，注意人力和財富資源的合理配置，這種社會目標和經濟目標的確立，並不意味著是對民衆基本權利的認同，但作爲國家主義的一種近期措施，卻是對統治層的道德約束。將這種政治化的關係結構作爲一種經濟策略，用以保證社會

資源能夠達成穩定秩序的目標，無疑會為百姓
帶來某些福利，但國家主體形式所涵化的群體
性和宗法性取向，卻無法保證經濟行為或市場
規則對國家制度和倫理秩序的優先性以及獨立
性，這樣，民間的經濟行為和商業活動也始終
受到宗法勢力的壓制。

　　超經濟的特權物化和宗法擴展，強化了國
家在一切領域的獨占原則，它體現了權力系統
運用利害關係來迫使民眾妥協的過程。所以，
國家暴力潛能向社會深層滲透的結果，又孕育
了對民眾關係施加強制影響力的特殊形態，即
一種威權主義（Authoritarianism）的經濟管
理形式，它創造了一個不平等的權力和財富的
基礎，即負責強制或協調的公共權威來自某個
特殊階層的意志或個人的道德傾向。威權主義
使延伸出來的社會責任和道義原則發生蛻變，
隨之而來的卻是普遍的賄賂公行，仗勢邀利，
官府庇護，以及地方性、家族性的特權膨脹。
它意味著，一旦政府形成弱勢和軟化的局面，
商業環境相對寬鬆，經濟因素可能趨於活躍；

一旦國家威權的中心結構失衡時，也會導致道
德價值體系的迅速崩解，從而摧毀社會的既定
關係和利益格局，進入權力再分配的又一個輪
迴。

　　在國家主義的制度形態下，由於無法規避
社會關係的異化與疏離，階級變遷和重建權威
是封建社會面臨的經常性抉擇，但無論基礎怎
樣調整，以官僚權貴的利益爲本位，以超經濟
特權爲槓桿，以各種「身分性」而非「契約性」
的社會關係爲潤滑劑的政治涵容經濟的形式，
一直制約著社會的走向，並在不損害國家專制
利益的前提下構造獨特的市場化和私有化的格
局。這種前資本主義經濟秩序的延續，涵蓋了
世界範圍的封建化過程。經濟的威權主義導致
了對權貴階層有利的道德僭越，這樣，貴族暴
斂和官吏腐敗的結果，又不斷釋放出傳統主義
的大衆均平心理，並激勵那些相應的政治行爲
演變成無法控制的暴力對抗。

　　由國家制度統攝一切導致了政治涵容經濟
的模式，這在較爲成熟的中央集權的封建化國

家中是普遍的現象。類似的國家中一般沒有獨
立的中間階層，貧富兩極分化嚴重，社會也處
於長期的動盪之中，由國家壟斷經濟行為，並
維持相互平穩的局面，顯然是生產力水平和社
會組織方式的內在要求。儘管國家主義在道德
上充當了社會責任的當然代表，但在操作上卻
是依賴倫常秩序和等級結構的價值規定，其結
果必然是限制人們能力和智性的發展，最終導
致創造力的泯滅和民眾的普遍貧困。而道德分
裂、社會動盪以及民眾貧困又從另一個側面，
助長了傳統主義、權威主義和集權主義的發展
趨勢。

三、國家主義的內涵與民族倫理的建構

在廣義上，國家主義是包容多種族群的因
素、由歷史演化而成的文化系統，而民族主義
（Nationalism）卻是近代國家的產物。國家主
義是民族自身的政治文化傳統，而民族主義只

有在同其他文明相比較時，或者感到外部文化的壓力時，才產生的一種普遍的強烈情感。

　　民族主義具有客觀的民族共同特徵，它是藉著每一成員對民族整體最大程度的認同和參與精神達成動員目標的某種政治原則。民族主義的理路在於：民族整體是國家權力的主體，而不是世襲權力或傳統體制的延續。

　　國家主義除了客觀的民族共同特徵之外，還包括大量的制度化的道德、文化和政治思想的內涵，這些因素經過歷史的整合，成為彼此不可分割的整體。它可以透過自己的傳統和力量提高本民族的文化、利益和獨立地位，透過泛化國家意識和愛國思想，來凝聚民族的共同價值和倫理精神，因此，國家主義不能混同為種族主義（Racialism）或部族主義（Tribalism），抑或僅僅由於種族、宗教、道德而產生的歸屬感。

　　近代的民族主義，具有歐洲歷史的共同經驗：封建化時期，文藝復興，宗教改革，啟蒙運動，法國大革命，工業革命等等。顯然，新

政治思想的勃興，傳統宗法組織的潰解，大眾政治的產生，民族觀念的凸現，無疑都是近代國家的一部分。在資本主義文明出現以前，民族觀念和民族倫理都是涵容在傳統的國家架構中，隱沒於宗法政治和倫常制度的層面之下，它所著重的是族體 (Ethnic) 及其成員對皇權國家的效忠精神，因為國家不僅僅是政治組合的自然或規範形式，而且也是社會、文化及經濟活動不可缺少的中心結構。

國家的組成和形態是族體生存秩序最主要和最高層次的政治生活方式。把族群作為社會機體維繫起來，其因素就不再是血緣、種族和語言符號，而是諸如國家、制度、意識形態這樣的力量。由於族群的原始形態和社會組織的原始形態是一致的，所以共同的群體特徵和文化傳承常常是相互涵蓋的，共同的起源意識可以把散居於不同地緣不同親緣的人們維繫成政治的共同體。

國家秩序的齊一化 (Homogenization) 是族體觀念和國家觀念相融合的產物，因為歷

史、文明、宗教、道德、習俗、服飾等等，都可能被納入國家系統，而不僅僅是一種特徵的識別，古代族群眾多，雖然各個族體本身的文化認同、集體認同都是由於自然環境、生態條件、經濟生計以及分佈模式制衡的結果，但族群的共同特徵被政治權力的長期實踐提升爲較高層次的國家意識以後，便把重點放在國家的組織形態和文化結構的整合上面，它的作用是突破血緣和地緣的自然環境，使共同體或政治疆域得以延伸。

在整個前資本主義階級，國家主義具有無法抗拒的歷史超越性和社會融合性，能夠按照自己的傳統塑造民族的倫理精神。民族倫理是一種原始形態的共同體觀念，具有與國家制度相關聯的理想、神話、習慣、符號等集體主義價值，這種倫理精神一旦進入國家系統的建構時，其整體價值便會自動拼合成新的意識形態系統，這是因爲：㈠基於共同的起源意識、文化特徵、價值理想的國家組織形式在歷史上早已存在，封建化加強了這種趨勢；㈡政治權力

的實踐強化了原有的血緣、地緣、種族、宗教
等傳統因素的內在聯繫，成為制度化的政治思
想基礎。所以，民族倫理的價值意識主要是為
國家的政治主權、政治合法性以及傳統體制的
維持提供心理共識。像中國的「尊王攘夷」的
忠君愛國意識、「華夷之辨」的種族中心意識、
「國盛家興，國破家亡」的家族倫理意識等，
都反映了國家主義對民族倫理精神的聚合。民
族倫理的塑造，在很大程度上是透過皇權意識
向國家意識的轉化來實現的，並依賴於宗族意
識的泛化。顯然，倫理制度和國家主體始終都
是作為文化和種族的當然代表，這種歸屬感，
是國家主義對民族倫理價值的深層建構。

　　在某種意義上，國家主義始終是民族的守
護神。因為民族紛爭帶來的政治反彈意識，使
國家形態不斷趨於地緣化、本土化的建構，民
族存在形式也日益傾向忠君思想和愛國精神的
整合。族群共同體向政治共同體演變的趨勢，
都是政治秩序維繫和國家權力實踐的結果。這
樣，民族的整體性和個別性都是透過皇權體制

和倫理秩序來實現的，民族意識只能歸屬於政治意識，始終受到國家主義的整合。

許多龐大的封建帝國，由於在文化上和政治上超越了單一種族觀念的限制，所以均能憑藉國家的力量實現民族的擴張或統一。這種共同體特徵，不僅使用獨特的民族認同符號，也訴諸國家主義的意識形態認同，旨在調適、規導不同群團的行為和觀念，適應共同體的生活。這種文化觀念上的民族內涵與性格的變異，主要受到傳統的社會方式制約。在這些帝國傳統中，由於缺乏對個體的價值認同，社會整體精神相對缺乏活力，民族的內涵也相對空泛，皇權思想和宗族意識建構的以忠孝為核心的民族倫理精神，很難成為穩定而持久的內聚力量。

在單一的種族或民族構成的國家中，國家主義實際成為一種對本民族的效忠精神，只要為本民族的利益服務，就可以被視為愛國行為而受到稱讚，由此產生偏狹的排外和仇外的情緒。在這裡，民族主義和國家主義往往就是同

一回事。由於獨特的地理位置和生態環境，有些國家不易受到外部的侵略或襲擾，這使得某些種族比較純一的民族能夠建立起獨特的制度，來延續自己的傳統和文明。當近代西方的殖民主義（Colonialism）破壞了他們的寧靜生活時，原始的種族情感也會躍升爲強烈的國家主義情緒。有許多國家民族特點形成得比較晚，在劃定和擴大邊界以鞏固安全的時候，不斷地使用武力，所以，本國的制度是在同外部的影響發生衝突時形成的特殊政治實體。這種政治制度下的民族整體，得到了人們像對宗教、集體、首領那樣的效忠精神，並保留了各自的傳統和政治差別，這樣，國家主義就成爲最直接的維繫社會機體的紐帶。

　　宗教是文明的一部分。宗教的傳播往往是隨著國家精神和民族群體的擴充而逐步推廣的。一些歷史悠遠的帝國文明中，宗教成爲傳播某些文化制度和價值標準的媒介，將民族跨區域地聯合起來，這都與國家主義統攝民族宗教的文化背景有關。像分佈於中西歐的基督教

區域，就是羅馬帝國和不列顛帝國擴張的結
果；東歐及巴爾幹的東正教區域，也是拜占庭
和俄羅斯擴張的結果；北非和西亞的伊斯蘭教
區域，則與阿拉伯帝國和奧斯曼帝國的形成有
關；南美的保守的天主教區域，顯然是西班牙
和葡萄牙殖民帝國的產物；東亞及中國的儒教
區域，自然也是漢唐帝國影響的結果。這裡，
除去西歐北美這些受新教倫理影響的區域外，
都是國家主義傳統強固的地區，顯然國家主義
對民族宗教倫理的滲透並不是一種偶然的現
象。

　　國家主義曾被認為是軍事帝國或強權政治
的象徵，一種熱衷於皇權利益的民族倫理精神
的擴張，則助長了把國家主義神化的崇拜趨
勢。隨著近代民族國家的興起，民族利益的認
同與演化，對傳統秩序產生一種破壞性的疏離
傾向，民族主義意識也將傳統政治結構的約束
視為一種宰制，這樣，個人解放、社會自治和
民族擺脫傳統制度束縛是同步進行的，當傳統
國家形式不再作為族體合作與結盟的首要基礎

時，便意味著民族主義開始突顯。

四、國家主義與資本主義的不同歷史脈絡

　　社會正義是人類文化中最爲古老的核心範疇之一。它的內涵主要集中在社會道德和價值體系的調整與安排方面，因而常常涉及政治結構的宏觀構成，決定正義作爲一個道德範疇所具有的社會規則或政治規則。人類對理想的國家制度的憧憬，都是致力使正義在道德這一範疇具體化。在一切民族的文化傳統中，都存有一種普遍的樂觀傾向，就是自認爲能夠超越現實的困擾，建立起地上的天國。

　　當人類中很大一部分被壓制在微賤和貧困的處境中，並且因爲絕望和痛苦而不斷向宰制他們的人使用暴力時，用來鎮壓這種暴力並維持既存體制的國家力量，常常由於道德體系的僭妄，而從社會正義的相殊層面擴大了道德的模糊性和相對性。所以，高度集中的權威主義

和極端理想的平均主義，往往都把政治權力的
壓迫性質同人身財產權利的不平等聯繫起來，
共同追求一種道德的合致狀態。國家主義的意
識形態便是利用宗法權力和倫理規範來平衡社
會矛盾，並維持人們的最低生存要求。

在大眾政治的概念中，道德上唯一合法的
國家是把所有人都看成是不可侵犯的個人，即
不被別人以某種方式用作手段、工具或資源，
而是一樣享有幸福、權利以及尊嚴的人，因而
國家應該允許人們選擇、追求幸福生活，實現
各自的價值理想以及人類的共同信念。從這個
意義出發，絕大多數的人是從法理角度來理解
國家的公平和正義，而不是以倫理意義來理喻
社會秩序的合理性和合法性。

封建國家維護社會安寧、人民敬業的唯一
措施，是將財產人身關係同宗法等級制度結合
起來，建立由國家包容一切的政治秩序，當人
人服從、人人敬畏的時候，國家便處在一種類
似太平盛世的境地。其實，國家主義的約束性
質和理想成分，並非是一種從根本上解決人類

貧困的機制，也不具有鼓勵創造自由和平等競
爭的規範意義，而是維護被道德認同的經濟秩
序和利益格局。因為在社會財富總體匱乏的情
況下，一部分人依仗特權進行財富斂聚，必然
導致另外一部分人的飢餓貧困；依靠國家力量
和道義約束保持相對的平衡，正是國家主義思
想的終極目標，但這種政治規則所能演繹出來
的只能是一種道德精神或社會責任。因此，封
建化時期阻礙社會進步的諸多因素中，除了生
產力水平的制約外，亦在於始終不能找到既能
最大限度地鼓勵財富創造又不違背人類共同道
德和正義準則的國家模式。

　　對傳統的國家理論最先提出質疑的人，是
十六世紀的馬基維利（Niccolo Machiavel-
li），他認為，國家產生於人們對共同福利的需
要，國家的目的是保障每個人自由地使用財
產，保護所有人的安全，所以，國家的概念和
權力的基礎不是源於道德，而是源於法理，主
張國家要擺脫宗教神學和道德教條的控制。稍
後的布丹（Jean Bodin）也認為，柏拉圖企圖

在自己的國家消滅私有財產，所以他的理想社
會不能稱爲國家。如同馬基維利一樣，布丹認
爲私有財產對於建立公民國家具有重大的意
義，換言之，私有財產和家庭是神聖的，它們
是國家權力不能逾越的禁區和界限。布丹的理
論意義在於，他明確提出了國家與社會的界
限。

　　近代的國家理論，出現於資本的原始積累
時期，社會不平等的加劇，激勵了人們從根本
上改變經濟關係以及建立新秩序的願望。所以
洛克（John Locke）將社會的概念作爲一種獨
立於國家領域之外的領域加以限定，這樣，公
民的性質便從屬於社會並被引申爲社會的實
體。在這個領域中，個人可以不受國家的干預
而追求天賦權利和創造自由，各種經濟力量可
以按規律自由地發揮作用，國家進入這個領域
只是爲了抵禦足以妨礙各種經濟力量自由發揮
作用的經濟壟斷。洛克的這一「社會」概念，
也是亞當·史密斯（Adam Smith）和李嘉圖
（David Ricardo）等人市場經濟理論的核

心，因為社會是經濟生產力所形成的生產和消
費關係的整體，國家不能決定社會，而是社會
決定國家和法。

　　從理論上將社會與國家分離，國家就不再
僅僅用於滿足統治階級一個階級的利益，而是
滿足社會全體成員的共同利益。史密斯認為國
家目的與市場規則是一致的，因為市場對財富
的無限追求儘管很可能被自我利益所左右，卻
有可能透過產生財富的複雜機制而使作為一個
整體的社會受益。他從經濟倫理的層面，把個
人自利同公共利益的實現聯繫起來，作為國家
與社會關係的根柢。基於這些近代國家理論的
建樹，並透過市場經濟維持了使所有人都受益
的財富增長，才使得國家從階級的偏執邁向全
民的統一，並有可能將國家的獨占性質與社會
的汲取能力結合起來，實現一種新的社會正
義。

　　哈伯瑪斯（Habermas）曾以「公共領域的
結構轉換」（The structural transformation
of the public sphere）為題分析了近代國家的

產生，他認為，在中世紀的封建采邑制度之下，私人領域和公共領域實際是模糊不清的，封建主既是公共權力的最高代表，又是最大的私人利益實現者，公共權力不過是實現其私人利益的手段罷了。只是隨著自治公民的出現和城鎮市民階層的擴大，才有了私人領域的分化，以及眞正意義的私有領域。這表明，從傳統國家形式中分離出去的市民社會，實際是私人領域擴大並從公共領域中獨立的結果。而資本的出現，不僅排斥了以國家特權掠取財富的宗法政治，同時也孕育了規則、理性以及創造精神，這既是西歐封建制度瓦解以來出現的自由經濟的物質基礎，也是傳統國家向市民社會轉型時興起的大衆政治的道德信條。

資本主義文明的出現，並沒有提出更高的道德方面的要求，也不具有更加人道化的社會責任，但是，新型的公民國家將會引導資本主義的生產方式把創造的一部分財富用於社會目的，它透過新的倫理精神和法律制度，把個人的自利納入對他人的利益及公共利益有益的軌

道，以此從根本上解決人類的貧困問題。正像
韋伯所說的，獲利的欲望和對財富、金錢的無
限追求，這本身就存在於一切時代、一切人們
之中，是人類進入文明以來一直就有的現象。
而資本主義文明是在這個早已存在的兩極分化
的世界上，謀求建立一個中間階層人數較多而
極富和赤貧較少的相對公平的社會，這種社會
較之封建宗法社會，顯然具有更大的合理性。

　　近代文明的理路在於：自由經濟和民主政
治源於同樣的歷史脈動，它的基本動力來自平
等、自由和權利的普遍認同，而謀求特權或謀
求壟斷則是它的反動力，因爲特權壟斷導致了
封建時代的制度壓迫和貴族壓迫。在理論上，
資本主義是結束等級和特權的制度，但身分和
能力的明顯差異還是保留了下來，這是它無法
擺脫各種矛盾的根源所在。它一方面鼓勵了更
多的既得利益階層以及中間階層的出現，另一
方面，由機遇和能力製造的權力向著更爲廣闊
的社會深層滲透，所以國家的職責必然要爲增
加生產效率、擴充整體財富提供相應的激勵和

保障，加強社會的汲取能力和再分配能力。這一切，將會大大消解傳統國家主義的合理性和合法性。

從社會學的意義看，資本主義是自發的秩序，而國家主義是強制的秩序。儘管國家主義建構從道德和制度的層面不斷對財富貪欲或財產不平等進行抑制，並在齊一化的政治共同體形式中貫徹公利與均平的理想，的確在一定程度上緩解了群體之間的某些對抗，延長了封建化的時期，但由於國家權力結構在統治層和非統治層之間的頻繁轉換，只是不斷強化國家的獨占性功能，並不觸及社會結構和文化結構。因此，固執於傳統秩序的特殊利益集團，自然無力消除由於等級和差別帶來的不公正。

第三章
資本主義化時期的國家
主義及其變異

　　就歷史實相言之，國家主義並不是一種社
會形態或生產方式的概括，而是具有類似的歷
史文明和文化傳承的制度要素的表徵，它的靜
態的歷史主義的描述義，在於不受時代和體制
變遷的影響，始終具有不可抗禦的時間超越性
和社會融合性。當資本主義文明產生並以制度
化的形式固定下來以後，國家主義的思想建構
一方面要在傳統主義的環境中繼續尋覓政治合
法性的窠臼；另一方面又在理想主義的推動下
擴展道德合理性的基礎，這樣，資本主義化時
期的國家主義形態就變得更加迷離和複雜。

　　從本源上講，國家主義是從國家形式運作

中逐漸積澱的文化精神要義，它在長期的權力
實踐中又逐漸趨向系統化和理性化，並在不同
的社會形態或生產方式的催化下，發生各式各
樣的變異。隨著資本主義文明對傳統國家形式
的批判和否定，國家主義的內在質素也越來越
紛雜，它作為一種理性的統治，不僅有民主程
式的變體，也有專制獨裁的變體。在類似英、
法、美這樣的早期工業化國家中，國家主義與
集體主義、烏托邦主義結合的直接後果，是導
致了形形色色的激進主義和社會主義思潮的出
現，顯然這是一種大眾政治的產物；在那些封
建體制強勁的後發資本主義國家中，國家主義
與威權主義、專制主義結合得更加牢固，出現
了像德、俄、日這樣的軍國主義加王朝政治的
政體形式，這顯然又是極權政治的某種變體。

　　在更多的政治文化落後的地區，那些恪守
傳統體制的國家，由於很少受到資本主義因素
的影響和滲透，國家主義仍然深深地植根在本
國的政治結構和文化傳統中。從十九世紀末到
二十世紀初，一些君主制國家曾借助國家主義

的精神和力量，擺脫了殖民主義的襲擾。它們
或是以大衆革命的形式，顚覆了傳統的君主體
制，或是由上層改良的形式，確立了君主立憲
的制度，但是，這些國家和地區雖然拋棄了封
建化的某些形式，卻在整體上保留了國家主義
的內涵。

一、近代文明對國家主義的批判和否定

　　國家主義從封建化的政治結構和文化建制
中，汲取權威化、集權化的諸多因素，來作爲
維繫社會機體的潛在力量，以對抗中世紀的敎
會、反叛的割據勢力，以及外部軍事威脅的壓
力，從而把王朝政治視爲主權的最高化身。這
是一種包容個人、社會和民族的大一統模式，
這種模式由於不斷謀求特殊權力集團的利益最
大化，因而與日益上升的市民階層發生嚴重的
對抗，最終失去了權力的合法性基礎。

　　歐洲推翻封建君主制度的基本的鬥爭形

式，並不是簡單的壓迫者與被壓迫者之間的階級鬥爭，而是兩個占據了支配地位的階級之間的抗爭，一方是占據了經濟支配地位的得到雇傭工人支持的有產階級，一方是占據政治統治地位並得到農民支持的國王和貴族。當貴族和有產階級在共同確認私有制度合法化之後，又重新聯合起來，成爲市民社會的主導力量。而工人、商販和小農則滙入市民社會的最底層，在新的理想主義旗幟下聯合起來，重新開始爭取自由和權利的鬥爭。

　　封建制度的解體，使市民生活的領域不斷擴大，工業革命引起的深刻社會變革，又伴隨著個人解放、社會自治以及民族意識的凸現，孕育了一個新的共同體形式，即是由中間階層或布爾喬亞階級（Bourgeois）和市民社會（Civil Society）爲內涵的近代國家形式。這種形式的出現，標誌著國家與社會的關係出現了新的變化，在理念上體現了對傳統的國家主義形態的否認。首先，這是一個市民的社會，即一個由一定數量的中間階層構成的私人利益關

係的總和，在這裡，私人領域和公共領域有了明確的劃分，並不受公共權力的任意侵害；其二，這是一個公民的社會，即平等、自由、人權這些基本的公民意識是這個社會的價值信條，它最終成爲新的國家形式的法理基礎和道德準則；其三，這是一個政治的社會，即它有權力約束國家對公共權威的行使，它只有在統一的政治國家已經形成的時候才能達到成熟，或以較爲完整的代議制度和民主程式來實現自身的目標；其四，它是一個文明的社會，即充分重視人的財產、權利和尊嚴，重視人的創造能力並使這種創造力最大限度地用於物質財富和精神文化的生產。

傳統的國家包容社會的關係結構，則反映了封建君主制在國家主義的掩飾下所具有的公共權力性質的虛偽性，這種虛偽性創造了一種神聖的偏見，即國家是爲了公衆的利益採取行動，個人則是爲了他自己的利益採取行動。事實卻是：第一，國家的統治層在決策時，具有特定的利益基礎，它往往並不代表社會整體的

價值判斷；第二，少數決策者的價值偏好和身分屬性決定了國家政治的傾向性，而這種傾向性和殊別性構成了足以侵害其他階層利益的國家意志；第三，作爲法律秩序和官僚體系的特殊社會組織，實際構成了國家整體，在沒有市民階層參與的情況下，實際排斥了公衆的意志和權利；第四，國家本身擁有的自主性能力和干預性能力，任意向政府行爲、經濟活動以及道德文化領域滲透，而群體取向在政治權力中的變形，使絕大多數人的利益受到侵害。這種關係結構，是將國家形式視爲一種道德強制和權威強制的權力系統，所以，社會原有的超越文化秩序和政治秩序的能力，便會演變成對主宰性或權威性的肯定。

　　近代啓蒙是激烈抨擊傳統國家主義的思想解放運動，在這個過程中，最關鍵的是理性（Reason）和理解（Understanding）在伸張自由和平等時產生的思想引領作用，它最終取代了對外在權威——無論是宗教意識還是政治權力——的順從與依附。啓蒙運動開出了自由

主義和個人主義的意識形態，而這些是與國家主體結構的意識形態相對立的。代表舊制度、舊勢力的文化傳統和統治方式，反映的是依靠宗法倫理和國家力量來獲取特權和特殊利益的封建貴族的意志，這是傳統國家建構的思想基礎。自由主義意識形態則是爲了摧毀既存的君主制和貴族世襲制，建立獨立的政治機構以及法律保障體系，取消門第特權，保障思想和言論自由以及集會、結社的自由，提倡權力平等、實行民主制度。這一切，由於並不僅僅是中產階級的要求，也涉及到所有的人，因此中產階級有可能建立起以他們爲中心的新型國家。

　　這種近代政治國家的特徵在於：國家可以接受個人有利於社會的欲望和要求，並保護他們的權利，包括私有財產、平等和自由等不可轉讓的權利，這實際是滿足了市民階層保護自己及其私有經濟免遭國家權力壓制的願望，進而保護了整個社會不受國家侵害的理想。這種國家形式承認自由和平等是人類的最高福利，任何一個公民都不應富得足以奴役其他人，任

何一個公民也不應窮得出賣自己。所以追求幸福和人權必然導致由國家確認私有財產的權利，而每一個人都可能因追求幸福而煥發自己的創造力和自由精神。正像盧騷（Rousseau）所說的，當人民遵守國家意志也像遵守自然法則一樣，並且在認識到人的形成和城邦的形成是由於同一個權力時，人民能夠自由地服從並能夠馴順地承擔起公共福祉的羈軛。

由於財富的源泉來自人的創造力，因此，能夠決定國家富足程度的最關鍵因素是釋放人的創造力的制度，這種制度把權利交給個人和社會，把限制加諸國家。這樣，對於市民社會來說，重要的是確立保護公民自由創造財富的制度，否則，如果公民透過辛勤勞動創造的財富不斷被國家掠取或充用，他們創造財富的熱情便不會持久。人們只有在有權利正當地占有勞動成果時，才會放手去創造財富，這就否定了傳統國家主義的財富獨占原則，並要求制度必須為創造者提供有效的條件和保障，公開承諾權利平等和人身自由的原則。這種原則僅僅

表現為尊重產權、創造自由以及市場規則是不夠的，它必須透過法制和分權來約束國家的權力，並透過公民參與的法律程序來確定他們的權力代理人。

近代的文明理論，導致了以自由意志和普遍福利為基礎的國家理想模式的出現，這種國家形式，顯然是井井有條的社會秩序的制度化結構。它使每一個成員可以在不受國家權力侵害的情況下，去實現經濟平等和政治自由，但國家公共權力又必須約束所有公民的行為，體現公共利益和個人利益相一致的性質。這種理論的內在邏輯是：資本主義增加了生產效率，大大擴充了整體財富，雖然財富的分配未必是平均主義的，但國家目標可以保證每個個人所能得到的，能夠超過以往任何歷史體系所能達到的成果。

近代文明理論對國家主義的持續批判，為建立資本主義新型國家確立了思想和倫理的基礎，開創了將社會福利普及融入工業化的進程。這種工業化國家的特徵包括：㈠以市場為

主導的自由經濟體制，它以市場規律爲基礎，
透過法律精神和倫理體系把個人的自利納入對
公共利益有利的軌道，以此擴充社會財富，擴
大國家的汲取能力和再分配能力；㈡尊重個人
的生命、自由以及追求幸福權利的民主政治體
制，它注重從憲政制度上透過分權制衡來保護
公民的合法權利，防止權力的濫用以及政治的
腐敗；㈢體現平等和正義的道德文化機制；蘊
藉其中的是多元、開放和寬容，同時又具有充
滿活力的創造精神和文明生活的內容。這種由
自由經濟、民主政治和文化多元共同構成的社
會發展模式，由於經濟、政治和社會生活在制
度上有了嚴格的分界，體現了新型國家制度的
有效性，它不僅有助於全體社會成員創造力的
充分發揮，也能確實保障個人和社會免受國家
公共權力的傷害，體現了國家目的與社會繁榮
相一致的原則。

二、國家主義的變異與烏托邦理想的擴張

在資本主義上升時期，由於傳統國家主義的隱性制約，社會理念中對人的基本權利的認同和保障，在實踐中往往被混同為「絕對的財產權利」的制度化，國家機器的職責，事實上已經淪落為有產階級的「守夜人」。所以，在資本主義的自由競爭時期，絕對的財產權已經置於人的生活和自由之上。當國家形式的私有制度仍舊被貴族和有產者獨占的時候，工人和其他勞動階層與傳統決裂的方式，便是尋找新的集體主義（Collectivism）和烏托邦理想作為慰藉，重新開始爭取權利的鬥爭。

當各式各樣的激進主義和社會主義思想正在醞釀的時候，工業革命還沒有完全脫掉它骯髒的胎衣，資本主義生產方式激起的人性扭曲行為以及隨之而來的種種罪惡，確實體現了一個不顧一切剝削制度的血腥形象，工人和勞動

大衆被無情地判定了日益悲慘的命運。這在政治理想主義看來，只要那個地方的工人充分認識到資本主義制度的腐朽、荒謬的不平等，以及由於殘酷競爭導致的大衆貧困化，他們就能夠參加大規模的社會運動，並徹底埋葬剝削制度。

　　在工業文明的衝擊下，對國家形式的理想設計，來自大衆政治中蘊藏的集體主義和烏托邦主義的擴張，因爲它確信國家不僅能爲人們創造普遍的舒適與便利，創造一切就業的機會，而且這樣一個馥郁芬芳、陽光普照的天堂，能夠用效率、秩序和力量來進行有效的統治。這種源於對原始民族制度的共同占有的憧憬，並得到社會對抗現實激勵的烏托邦主義（Uto-pianism），認爲階級對立會導致資產階級與無產階級之間發生最後的一場衝突。基於這樣的理想，國家將作爲新的統治階級的當然代表，去控制一切生產資料和生活資料，人類也將重新獲得自由和尊嚴，這個理念化的社會模式便是未來的極樂世界。

在歷史的某一特定時期，國家主義與集體
主義、烏托邦主義能夠有效地結合起來，將內
蘊的大眾政治的民主理想與平均主義的浪漫精
神加以具體化。換言之，國家主義偏重於經濟
制度方面的重新組構，而烏托邦主義則強調政
治革命先於經濟改造，因爲自由經濟的失敗，
又喚起了集權控制的有效方式。在一些資本積
累較早，經濟和利益的自由競爭較爲激烈的歐
洲國家，各種政治思潮都是以國家爲目標，主
張從權力基礎上進行徹底改造，這是依據進化
論的歷史主義模式，把國家組織的再造視爲一
種機械式的轉換，所以，在主張人本價值的同
時，更強調民粹主義的價值，並將這些價值延
伸到政治秩序和社會制度中。於是，它們的基
點都是寄託在國家機器和大規模社會組織中掌
權的那些人的更替上面，希望透過國家所起的
獨占作用和再分配功能，來解決貿易與工業，
富裕與貧困等一切問題，把社會的共同福利集
中在國家權力的支配之下。

強調道德共同體的價值高於道德個體的價

值，強調社會、歷史、整體、關係等非個人因
素在人類倫理生活中的絕對性，並將社會的正
義與公平在道德範疇加以具體化、模式化，是
烏托邦主義的基本特徵。所以，在孔子和柏拉
圖之後，曾有過無數的烏托邦理想，把政治哲
學引入人和人的生活，以期建立新的天國。它
追求整體社會的秩序美、和諧美，並透過允諾
人民的最大幸福──尋找一個先前不曾有過的
外化世界，從那裡找到公平和正義。烏托邦主
義是從國家可能消亡的角度，來設計國家威權
對個人和社會的包容性，從倫理上塑造平等和
自由的可欲性，並利用國家的力量來促進社會
福利的普及。但烏托邦主義對集體價值的配合
效率往往是憑空演繹的，因為它過高地估計了
每個人的道德傾向，特別是那些在權力系統中
主宰社會的人們的品德和意志。雖然烏托邦主
義總是試圖用傳統、神話、符號、種族、榮譽
等文化因素來補償這一缺陷，但畢竟是一種比
較簡陋的意識形態系統，因此，為了實現社會
改造的目標，唯一可行的方式便是從國家主義

的義理中挖掘新的思想建構，作爲精神價值的
來源。

　　將烏托邦主義與資本主義的民主程式聯結
在一起的目標是承諾人民有選擇政府的權利，
但不否認暴力作爲社會變革的接生婆的不可避
免性，相信徹底摧毀傳統社會結構是包治一切
的好辦法，這將孕育一個沒有階級、沒有壓迫、
沒有強制性國家的烏托邦社會的到來。這種新
秩序從道德上排除了國家變成龐大官僚機器的
可能，所以國家作爲公民權力的最高代理形
式，將廢除私人企業，爲了整個社會的利益而
對生產、分配和交換工具實行國家所有和集體
控制，而社會本身將透過它的政府組織來提供
資本，並在保證公共福利和企業發展的基礎
上，滿足勞工的報酬以及生活條件的改善。但
是，從世界上所有地區的全部歷史來看，政治
統治和國家管理所能達到的公平與正義的程
度，並非完全依靠理性的判斷，而是取決於社
會實際存在的物質水平和文化條件。烏托邦主
義是在資本原始積累和殘酷競爭階段的普遍絕

望中權衡社會發展模式的，它的批判性意向容
易從歷史主義的超前或滯後的因素中，尋找那
些用以對付不公正和不平等的東西。

　　顯然，烏托邦主義是根據一個詳細的計畫
來設計整個社會的，這一計畫是預先概括的，
所以這將是一個靜態的和嚴格的社會圖式。它
的共同體主義的性質和結構，是以思想權威和
道德典範來作爲國家的中心結構，並確信這種
特定模式的社會在運轉中不會發生偏差，人們
也不會超越社會所規整的價值目標，按照某種
異端的動機或利益行動。所以，烏托邦主義希
望透過大衆化的道德認同或訴諸嚴格的邏輯理
智，來推動產生理想的行爲或活動，並使人們
堅持理想類型的可欲性以及情理判斷的道義
性，相信個人欲望的任意放縱與私有財產的毫
無節制同屬於一種不公正或不平等，從而把對
舊制度的批判意識同改造資本主義的社會環境
聯繫起來，作爲一種大衆政治的變體。

　　烏托邦主義意識形態是由資本主義的發展
而導致產生的一種社會理想。資本主義的國家

建構起源於思想啓蒙和產業革命，因此這種制度一開始就擁有非常廣泛的社會和道德的基礎，自由主義得以壯大和發展以後，可以不採取過於激烈的暴力手段或政治行動，便可以作為一種穩定的制約因素。而烏托邦主義僅僅是一種理想類型，本身並不具備建立社會制度所必需的經驗和條件，這樣，就必然從傳統主義的歷史經驗論出發，寄希望於一些極端的手段，來補充物質、文化和意識形態方面力量的不足。烏托邦主義與國家主義相互結合的結果，是孕育了國家資本主義 (National Capitalism) 的形式，它的宗旨是首先顛覆那些掌握權力和財富的高等級階層的統治，充分利用國家的力量來掃蕩一切，以促進平等和利益一致的原則；它毫不妥協地敵視自由主義和個人主義，將集體勞動和合理分配的價值模式國家主義化，並力圖擁有更大範圍的道德合理性。這種社會正義的理念發端於對國家非本質意義的理解，即國家有可能會成為依附的力量，促使一個階級對抗其他階級。國家資本主義建構透

過對國家的美化而虛設了一個道德的共同體，其核心是國家的權威機構能大衆化和倫理化，而這正是烏托邦主義精神得以擴充的眞正源泉。

　　歷史已經表明，早期資本主義在經歷長時間的艱難發展之後，逐漸擺脫了它所面臨的各種困境。隨著科技在工業領域的廣泛應用，以及經濟和服務行業的迅速擴大，出現了大量的「白領階層」。雖然他們中間的絕大多數人都是爲了工資而出賣勞動的被雇傭者，但他們的利益和同情心已經與產業工人不一樣，他們多數都自認爲是中產階級或知識階層的成員，甚至是潛在的資本家或商業利潤獲得者，由於這一部分人的數量有了驚人的增長，所以社會的中間階層日益擴大的結果，大大減緩了社會兩極分化的趨勢，致使新的社會革命在發達工業國家取得成功的希望愈來愈渺茫，烏托邦主義的理想也愈來愈遙遠地退縮到歷史的陰影之中。

三、次生資本主義的特質與國家主義的膨脹

　　十九世紀後半期，當西歐和北美的工業革命全面展開的時候，諸如德意志、俄羅斯、土耳其、日本這些地理位置獨特而君主體制強固的國家，也相繼開始了資本主義化的進程。為對付內外的壓力和挑戰，主張搞工業化的上層統治集團考慮並制定了有限改革的計畫，目的在於加強國家權力並提高整體的實力。當教育、工業和政治制度開始有了慣性並產生一批參與發展進程的新型利益集團時，變革的速度就逐漸加快了。這種變革標誌著從農業和農村的生活方式轉變為工業的和城市的生活方式。在這個持續的過渡時期，變革是靠內部力量發生的，它導致了一種次生的（Secondary）資本主義形式。

　　上述國家的發展脈絡顯示，這是一種由宮廷統治的中央集權的國家制度來實現社會改革

的模式。傳統的農業生產方式根深柢固，社會
是兩極分化的，基本上沒有中間階層作爲民主
秩序的基礎，政權的一邊是高度集中的獨裁專
制制度，另一邊是高度地方化的早期村社制
度，尤其是不同形式的農奴制度，國家控制著
大部分的農業人口，並將其餘部分的控制權交
給當地的貴族，而貴族對國家權力的依賴是非
常明顯的。這些國家的政治制度都是以皇權爲
中心結構，人民也匍匐於以公意和公利爲號召
的基理斯瑪型權威（Charismatic Authority）
之下，不僅保留了對宗教、貴族、皇權的效忠
精神，也保留了由國家體制和民族差別積澱的
文化特質。

　　在這些後發的資本主義國家，緩慢增長的
資本積累，以及工業技術領域的逐步擴大，促
使傳統的貴族階層和武士階層開始分化，並激
發了新的政治思想和意識形態來適應這種變
革。但是，一些基於民族立場和自身政治利益
的集團，主張國家主權必須以某種強制形式維
持自己的領土和人口的連續性，等級制度的隱

性差別也使維護各自環境中的強權關係成為社會秩序的真正基礎。儘管這些國家並不排斥目標具體的政治術語，諸如自由、平等、民主、權利之類的符號，但無法與自己的傳統相銜接。這些維護傳統體制的理論，是以民粹主義、民族主義和皇權主義的相互整合為核心的，它顯然比「朕即國家」的理論更具合法性，也更適應次生資本主義形式的內在要求。

在德國，政治統一是依靠武力征服來完成的，它保留了普魯士軍國主義的傳統。在國家強權政治的支配下，貴族、地主及其新生的大資產者，構成了社會的強大統治力量，他們是現存資源和歷史能量的最大擁有者，可以在較快的時間內，建立起新型的工業體系。但工人數量的劇增，並不是透過緩慢的社會分工或群體市民化形成的，而是國家對馬克公社式的村社組織實行強制改造的結果，它使一部分農民發生了身分性的轉化，但意識形態仍舊停留在農業文明階段。德國知識分子也多是從民族的文化傳統中尋找力量，來適應城市變革的壓

力，這使得德國的激進主義運動都具有向後看的民粹主義性質，工人自治運動也帶有濃厚的農業烏托邦因素。

俄國則是一個巨型的封建農業國家，同西歐的發展有著密切的聯繫，它既是整個歐洲文化的積極參與者，也保留了獨特的斯拉夫式的宗教文明。俄國資本主義的發展，具有次生類型的顯著特徵，許多現代企業的出現，都是在國家體制的範圍內，由官僚和貴族興辦的，這些企業往往是國家主義化的。由國家強制實行的廢除農奴制的改革，主要是造就了大批的新式小農，並有少部分直接轉入工人隊伍。以貴族知識分子作為明顯的反叛勢力，是在十九世紀後半期出現的，並將民粹主義運動推向高潮，這對於俄國的國家主義思想的泛化，有著直接的影響。

土耳其和日本，也是作為次生的資本主義發展模式。橫跨歐亞的奧斯曼——土耳其帝國，幾乎很少有自發的資本主義因素產生，但因獨特的地理政治位置緣故，使它難以抵禦西

方勢力的滲透，在經濟上有效仿西方工業化的
強烈要求，但又把目標寄託在王朝政治的上層
改革上面。土耳其的現代化進程，是在帝國崩
潰後激起的國家主義思潮推動下開始的，具有
西方保守主義與伊斯蘭復興運動相互交滙的多
元特徵。日本是一個由同一種族的島國構成的
政治共同體，當西方文明逐漸融入的時候，它
小心地不與外界發生這種接觸，幕府政治乃至
天皇制度的強國，使日本在選擇西方工業化
時，能以最小的損失改造以前的農業社會基
礎，其結果是使一部分高級武士貴族掌握了國
家的經濟命脈，成為工業化的中堅力量，而作
為激進派的下級武士集團，並沒有採取向前看
的自由主義意識形態，而是與本土化的民粹主
義和國家主義相結合，並把它們的價值標準轉
而整合為全體國民的精神形態。

　　德、俄、土、日這些次生的資本主義國家
形式，不僅有相似的政治傳承和社會背景，也
有相同的意識形態維繫。因為君主制國家的統
治者，並不僅僅作為國家權威的象徵，而且也

把宗教領袖和道德權威的身分溶化在權力系統
的威嚴中，它涵蓋了民族的傳統信念、全民的
存在意識以及國家的皇權觀念。這種精神和權
力核心的概念，不一定局限於國家形式，但必
須歸屬於一種意識形態的國家主義化。所以，
政治權力的合法範圍不僅限於對民衆外在行爲
的約束，而且透過宗教、理想、符號深入到民
族的價值倫理中。在某些特定時期，這種國家
主義的膨脹，極易產生一種狂熱的擴張心理和
仇外情緒。

　　實際上，由於國家主義承擔了社會改革和
發展的直接驅動力量，由此演化的次生資本主
義形態，其文化特質具有鮮明的時代超越性和
社會融合性：㈠都處於前資本主義階段的政治
形態中，旣沒有自由主義的傳統，也沒有民主
政治的程式，體現了以皇權爲中心的國家共同
體對人的個性和創造力的壓制。㈡都屬於國家
涵容個人、社會、民族實存的傳統體制，政治
上依賴道德的權威，宗法制度和等級制度發
達，現代社會組織生成緩慢。㈢都具有典型的

農業社會傳統，都是在國家發起的改革農奴制
的基礎上，轉變原來「公社國家」的形象，個
人權利包括財產權、人身權模糊且不發達。(四)
社會思想的生成和演變方面，都是以民粹主義
作爲基本的意識形態，中小貴族知識分子常常
作爲大衆政治的核心，具有濃郁的烏托邦主義
色彩。(五)國家的經濟結構在集權主義的基礎
上，採取專制體系與資本機制相結合的方式，
經濟不僅受到政治權力的宰制，也受到官僚資
本的擠壓。

　　歷史上，類似德、俄、土、日這樣的資本
主義發展模式，都是緣起於世界多變的動盪時
代。它們進行的專制主義的改革，是國家內部
力量催化躍變的結果，它們雖然都採取了廢除
傳統農業制度的措施，但解放農奴的運動畢竟
簡單，更沒有觸及封建專制的基礎。在吸收西
方工業文明的同時，仍舊隱藏著原有的專制獨
裁下權力與資本相勾結的互動因素，這是成爲
獨特的國家壟斷兼容私人壟斷的混合型經濟的
直接原因。由於國家資本的形成先於市民社會

的形成，中產階級的力量十分單薄，社會的支
配力量則包括了仍舊守護舊制度特權的貴族官
僚、憑藉宗法勢力暴富的新有產者，以及國家
確認私有制以後出現的新地主等，這些既得利
益集團與國家權力結構共處於一個利益板塊之
中，所以，社會變革與資本積累的目的，都是
爲了適應自我生成能力的國家主義的膨脹。

在這些後發的資本主義國家，由於下層民
衆與上層集團始終處於尖銳對立的狀態，迫使
國家必須擴大它的社會強制功能。這樣，國家
主義也逐步變質爲一種普遍的蒙昧主義的運
動，它和地緣政治、種族排外、宗教歧視，以
及傳統的不寬容、迫害、狂熱混雜交融在一起，
既是進一步走向專制集權的精神力量，又是走
向壟斷資本的帝國主義的政治基礎，並在特定
的歷史條件下發生某種變異，像後來德國出現
的法西斯主義、俄國出現的蘇維埃主義、日本
出現的軍國主義，以及土耳其出現的凱米爾主
義（Kemalism）等等，就是明證。

四、國家主義對農業社會形態 的涵容與超越

在西方資本主義的社會形態中，經濟迅速發展的結果是導致了大衆形式的「市民社會」，於是，社會反對國家，民族反對國家，文化秩序反對政治秩序，私人生活反對公共權力，是近代以來國家制度演變的基本規則。在那些次生形態的資本主義國家中，由於缺乏這些特定的經濟文化基礎，在國家以社會的名義所進行的一系列變革或改良中，似乎都導致了國家主義的某些變形。其結果是，一方面，整個民族被動員起來改造舊的體制時，社會又重新成爲被宰制和操縱的對象；另一方面，大衆獲得資格將受惠於新的國家權力時，個人又重新受制於新的等級和特權。這種帶規律性的傾向，實際也是廣大落後國家始終難以擺脫的政治法則。

衆多的不發達國家由於深受農業社會文明

方式的影響，其共同的特徵是落後的農業生產占主導地位，人民普遍的生活水準很低，少數窮奢極侈的權貴集團凌駕於貧困的群眾之上，階級差別十分懸殊，社會對抗的形勢始終無法緩解，民眾朝思暮想要打倒剝削壓榨他們的那一小撮人，後者則利用國家的暴力來維護其特權。但是，以暴力實現公平或維持特權的籌略，只是導致了統治層與非統治層之間頻繁的權力轉換，絕大多數的民眾處境並沒有得到多少改變。因為依靠暴力實現公平的道德傳統，不僅使社會自身結構不斷遭到破壞，也往往產生追求人道與追求富足相互牴牾的負面效果，人們最終得到的只是形式上對平等、權利的空洞期許，而事實卻不得不面對一個又一個的龐大特權集團，只是將舊主子換成新主子罷了。這樣的社會政治演變在廣大的落後國家是一種普遍的現象。

作為農業文明的本質特徵，國家的共同體形式不僅要從政治體制上維繫一個民族整體的存在，而且必須參與社會財富的生產與分配，

為其成員提供相應的生存環境和合理秩序。所以，農業社會中一種普遍的趨勢，便是民本主義思想與國家觀念的契合，並蘊藉了組構最佳秩序和社會關係的願望。與民本主義一樣，源於相同歷史脈絡的國家主義，因此涵蓋了傳統倫理對社會共同體的全部認識：一是確認社會成員的政治歸屬和現實地位，二是承諾社會成員的生存權利及人身安全。這樣，國家主義透過政治的領域性、血緣的親合性、自然的道義性等方面的整合，使秩序有了共同的基礎。

在大多數的農業國家，小農對宗法制度和皇權結構的依賴，反映了土地國有制下貴族統治農民也控制財富的社會特徵。小農軟弱分散的經濟地位，迫使他們必須依靠宗法制度的保護，依靠國家的超經濟強制來平衡可能出現的社會秩序。由於人格依附和經濟依附產生的政治歸屬感，小農階層又孳衍了理想和權利被某種權威形式代理的觀念，即由貴族、官僚中的知識分子構成的權威形式作為小農與國家之間的中介，這種中介並不具有被明確代理的身

分，但有鮮明的道德主義傾向，這種傾向將民本思想與國家觀念揉合起來，便形成了農業國家的最普遍的意識形態——民粹主義（Popul-ism）的思想建構。

民粹主義以建立公正的農民國家為宗旨，將農業文明的圖式予以無限的美化，因此作為落後農業國家維護傳統體制、抵禦工業文明的主流意識形態，是對付自由、平等、權利等資本主義意識形態的最有力的武器。民粹主義認同國家從身分上解放農民，並依此增強民族在精神和文化方面的凝聚力，但結果往往限制了對傳統體制的突破；民粹主義認為減輕勞動階層的困苦是政府的義務，但主觀上又認為消滅差別、消滅貧困既不現實又不可行，因為社會成員的經濟地位和生存條件本身就有先天的不同；民粹主義在某些方面沿習了國家一向是專制和壓迫工具的思想，把改朝換代作為社會變革的唯一方式，主張全力進行政治鬥爭和軍事鬥爭，來貫徹以暴力實現公平的歷史主義的模式，但這常常成為一些野心家和陰謀家的工

具。所以，民粹主義在落後的農業國家的泛衍，
既滿足了民眾擺脫貴族壓迫的心理願望，又爲
國家實行專制集權提供了道德的合理性。更重
要的是，民粹主義既可以同外來意識形態接
通，又可以與本土的傳統制度融合，適應了農
業社會的文明方式。

　　民粹主義來自農業國家知識階層的精英意
識。因爲知識階層通常是農業國家中官僚制度
的補充體系，構成文人、縉紳、官僚的三位一
體，他們一方面承當社會管理的中堅力量，另
一方面又是鄉土社會的精神領袖，人生目標和
政治仕途都是和國家制度聯繫在一起的。由於
農業國家並不具備西方工業社會的環境和條
件，缺乏民主政治的內涵，所以多數人並不具
備類似自由知識分子的素質，即抗拒暴政的勇
氣、批判現實的意識以及引領大眾的能力，只
要國家體制不過分地損害他們的利益，知識階
層便能夠與統治階級一道，共同維護現存的秩
序。而那些反叛的知識分子在運用傳統文化的
力量同威權政治較量時，唯一可行的便是從民

粹主義那裡汲取思想的來源，結果自然又是陷
入國家主義的桎梏，重蹈救世和治世的老路。

這些落後的農業國家，教育的政治用途是
非常明確的，國家主義能夠徹底地運用教育爲
國家目的服務。它不僅重申傳統主義的文化保
守氣質，而且努力培育新的狹隘的效忠精神，
包括灌輸崇拜國家和個人的某個特定時期的榮
耀或歷史，因爲粉碎舊的忠誠確立新的權威需
要不同的偶像，這實際成爲對文化系統的肢
解。在普及大眾教育方面，都是貫徹以忠孝思
想爲核心的行爲說教，並以傳統的最小損失來
看待外來文化的吸收，所以只注重器物而排斥
價值和觀念。在傳統體制下，知識階層通常對
社會變革並不熱心，但對國家權力卻十分崇拜
和敬畏，所以能夠自然地承擔官師治敎的敎化
使命。

落後國家一般都處於較低水平的自然經濟
和簡單生產的階段，社會的維持機制是以倫理
綱常作爲核心。政治結構向民間社會的滲透，
構成了一個關聯密切的秩序空間，切身的親緣

關係與近鄰關係成爲這種秩序的共同出發點，
但這並非是一個完整的法的共同體，而是一個
由共同秩序觀念銜接起來的親情和倫理的共同
體，它從家庭、宗族、鄉黨的地方社會到以官
僚體系爲媒介的州府、朝廷，構成了國家一體
化的共同體領域。在國家的封建化早期，民間
社會的共同性、全體性不一定隸屬於國家，它
們自身是自立的，但是隨著國家主義向民間社
會的深層滲透，民間社會的共同性便從屬於國
家了。國家主義的超越性發展，使社會既沒有
私人領域和公共領域的界限，也沒有市民階層
和市民社會的概念，它一方面透過群體與國家
的關係保障民族的統一，另一方面又透過區域
與國家的關係來維持差異和分散。這種形式，
既體現了領土的連續性，又保留了傳統的完整
性，是國家主義涵容民粹主義、民族主義的理
想圖景。

　　但是，當落後的農業社會方式沿著國家主
義的建構來確定自己的政治領域時，往往面臨
無法克服的矛盾：其一，當運用民族文化的價

值來促進社會進步和抵禦外來干涉時，民族的
共同利益要求對文化建制進行全面的反思，但
政治的倫理方式卻要求對文化傳統的忠誠；其
二，當運用自由經濟的價值規律來推動社會生
產力發展並增加整體財富時，雖然社會的共同
價值要求經濟平等和政治民主，但政治的傳統
機制卻要求對社會的集權；其三，當運用個人
的創造力爲社會提供文化和財富的來源時，個
人的存在價值要求倫理體系對自由、平等、權
利給予認同，但政治結構中的集團利益或群體
取向卻要求個人對威權的屈從和妥協。這樣，
以民族、社會、個人爲責任能力的價值系統，
很難在這些落後國家的社群關係中確立起來。

第四章
新國家主義的崛起

　　人類進入二十世紀以來，象徵舊制度、舊秩序的封建君主制度在歐洲已經支離破碎，但文化傳統中的國家主義卻得到了普遍加強。在西方資本主義經歷最為嚴重的經濟危機和社會危機時，通貨膨脹和高失業率不僅導致了社會主義運動的高漲，也誘發了保守主義政治的回潮。國家主義向極端發展的結果，最終是激勵了德國、義大利、日本的法西斯主義的極權政治理論。這種理論曾對人類的生存與安全帶來最嚴重的災難，它引起文明社會對國家主義意識形態的深刻反思，並為之付出高昂的代價。

　　第二次世界大戰結束以後出現的政治格

局，爲第三世界的民族振興和國家發展開闢了
有利的環境。一些亞洲、非洲、拉丁美洲的開
發中國家，在國家主義的旗幟下，紛紛擺脫了
殖民統治，並積極探索社會發展的有效途徑。
它們一方面吸收工業文明和自由經濟體制的積
極因素，全力發展民族經濟，不斷改善國家的
汲取能力以及再分配功能，一方面又從自己的
文化傳統中攝取凝聚國家的力量，在保留政治
傳統的基礎上，開始了晚期工業化的進程。這
種既不放棄自己的傳統體制，也不排斥現代文
明價值的社會發展模式，意味著強權政治與市
場經濟的相互結合，由此孕育了一種新的國家
主義形態。

　　從六〇年代初開始，新國家主義（Neo-
nationalism）的意識形態已經瀰漫於東亞、北
非和南美地區。自由經濟的超常規發展，使得
原本落後的文化結構和政治體制出現鬆動，官
僚壟斷資本控制社會集團利益的局面，逐漸被
民營資本和市場規則所打破。這些發展中國家
被迫引進西方社會的某些標準，以尋求更大範

圍的政治合法性。新國家主義的崛起，為第三
世界的現代化道路樹立了一個典範，它的宗旨
是以經濟的迅速增長來維持國家的高度統一。
這裡，沒落的歷史文明和衰敗的民族文化，在
新的年富力強的一代人中得以復甦，象徵現代
文明的生活方式和價值形態也得到新的體認。
隨著社會經濟條件的變化，國家已經相對喪失
了一些傳統的強制性，但也出現了類似權威主
義和保守主義的思潮泛濫。

一、一戰以來資本主義世界面臨的危機

　　近代文明理論和資本生產方式的出現，使
象徵舊制度、舊秩序的封建宗法制度失去了道
德合理性的基礎。多少個世紀人類夢寐以求的
追求富足和人道的理想，到了資本主義階段才
得到普遍的認同，它既是凝聚科學精神和民主
精神的價值基礎，又是開創現代社會的自由經
濟和民主政治的深刻內涵。但生活方式和價值

觀念的轉變卻是相當緩慢的，需要一個長期的
文明化過程，才能觸及到舊制度的基礎。

　　從十九世紀中期到二十世紀初，資本主義
的生產方式主要是圍繞對剩餘價值的最大限度
的榨取和掠奪，而無力顧及社會福利的普及，
從而忽略了勞動階層最基本的生存條件的改
善。資本主義文明只是消滅了身分等級和宗法
特權的制度，但出身和機遇的不平等還是保留
下來，它雖然在更大範圍鼓勵了個人創造，但
又千方百計地在財產和權利方面，維持有產者
的特權。資本主義生產方式雖然是一種能力和
智性的競爭機制，但只有在機遇和權利都相對
平等的基礎上才能體現出來。但是，在舊制度
與新秩序交替和轉型的環境下，西方社會幾乎
沒有一個國家能夠有效地發揮資本的潛力，致
力於福利的創造，而是紛紛熱衷於國際政治的
角逐。

　　第一次世界大戰的爆發，是資本主義社會
各種矛盾尖銳激化的結果，英、法、美等早期
工業化國家面臨的嚴重社會經濟矛盾，以及

德、俄、日等後發資本主義國家要求市場再分配的矛盾，決定了這場戰爭基本限制在新老兩個資本主義集團的範圍內進行。這既體現爲資本主義不同集團之間的利益競爭，又包含了文明與文化的異質性衝突。而戰爭的結果，是在歐洲範圍內促進了近代文明理論的擴展，像德意志、俄羅斯、土耳其等封建化的軍事帝國，就在戰爭態勢演變的背景下爆發了內部的革命，並促使這些君主制帝國迅速崩潰。但是，這些軍事帝國的垮台，並不意味著新體制已經確立，由於傳統的文明方式和文化結構的制約，儘管後來也出現了類似社會民主主義或蘇維埃主義的嘗試，但都沒有脫離傳統國家主義的濃郁色彩。

作爲文化傳統的要素之一，生產方式的技術性變革並不足以很快引起價值觀念方面的深刻變化。由於封建法典化的倫理規範代替了近代法治國家的基本建構，生活方式和生產方式的變化並沒有改變傳統的政治規則，也無力擺脫傳統倫理的束縛，使官僚機器非人格化。倫

理主義和國家主義透過資本機制相互契合的結
果，是把國家的職能無限地延伸到社會生活的
各個領域，並且仍以暴力形式維護有產者利益
和傳統價值。資本主義生產的負面效果，通常
又極易引起通貨膨脹和高失業現象，利益差別
和利害衝突的擴大，必然導致尖銳的階級對立
和社會對抗，這是資本主義自由競爭時期最爲
普遍的現象，它不僅導致了社會主義運動的高
漲，也促發了保守主義政治的回潮。

　　第一次世界大戰結束以後，西方工業社會
中圍繞國家形式和政體性質展開的鬥爭，導致
了各式各樣的政治思潮和社會運動的出現。在
確認國家的政治合法性方面，國家主義仍是作
爲被抨擊的主要目標，因爲國家主義強調統治
者與被統治者之間的和諧、統一以及對合法性
的共同信仰，來保證合法秩序和合法權威的運
作，其本質是反民主主義的。但國家主義強調
國家與社會的健康互動，依此建立一個擁有自
身的絕對要求的行政組織，本身又具有改良的
願望。從這個意義出發，二十世紀初期的西方

社會主義運動，作爲大衆政治的變體，其主要
的社會目標，是在於改良資本主義國家的社會
汲取功能和再分配功能，調適各個階級之間的
利益差別，緩和激烈的社會對抗，所以，它始
終處在國家主義意識形態的涵蓋範圍。當資本
主義國家由政治功能型轉向社會福利型以後，
西方社會主義也就失去了它所要實現的目標。

　　在資本主義社會經歷戰後最爲嚴重的經濟
危機和政治危機的時候，圍繞民主政治與普遍
權利的爭執，又導致了自由主義和保守主義兩
大政治思潮的激烈對峙。雖然這兩種政治思潮
都認同民主政治並被作爲教義而加以接受，但
在實際上卻有明顯的差別。自由主義的民主政
治觀念，其實包括兩種含義：第一，它主要意
味著一套多數統治爲原則的政治制度，而這種
被視爲「多數人的專制」的民主觀念，在歷史
上並沒有眞正實行過；第二，民主的廣泛意義
是自由、權利以及人類尊嚴，即主張唯一公正
的政府只能是權力有限的政府，它不能因爲秩
序而犧牲人民的主權和個人的自由。在自由主

義者看來，民主制度不僅僅是一種統治的方法，而且也是政治社會的一種生活規則，只有使它的人民在經濟上得到安全，才能在世界上保持它的理想，並維持秩序、法律和自由。

保守主義 (Conservatism) 的民主觀念則與自由主義意識形態相對立，這種觀念認爲文明社會主要由階級和秩序組成，並且其間沒有多大的流動，所以，保守主義不僅是貴族化的和向後看的，而且是反智主義的。保守主義者對自由的解釋是把它視爲「在上帝敕令範圍內生活的自由，而不是懷疑和破壞的自由」，他們認爲，對一切人來說，比書本和哲學更能指導行爲和良心的是傳統、成見和積習。保守主義不僅鄙視自由主義，也嘲笑社會主義，認爲社會主義並不是像馬克思主義者爭辯的那樣，注定要繼資本主義而成爲經濟生活的更高級、更富足的階段，而是一種低劣而粗陋的生活水準的產物。保守主義的最大特點在於：它確信人性的脆弱和罪惡使普通人缺乏應用理性的能力，而且大多數積極的社會行動無益而且有

害，所以必須有一個強有力的權力機構或者某
種傑出人物來統治。可見，保守主義的意識形
態主要來自對傳統主義和權威主義的認同，這
些因素能夠與國家主義的傳統攀緣。

　　自由主義和保守主義在資本主義機制內部
相互浸潤、相互掣肘的結果，使那種把國家抬
高爲上帝而把人民降低到國家達到目的之工具
的國家主義哲學相對不受歡迎，多數工業國家
也放棄了把國家神化的企圖。然而，國家主義
是一種隱性機制，深藏於二十世紀初的文化、
社會和經濟歷史的潛在因素中，大衆絕望的感
覺是渴望建立一個由精英來統治的強有力國
家，而這樣的一個國家所關切的主要是成功和
效率，而不是民主精神的神聖或個人政治權利
的保障。出於這種認識，國家主義把強權和紀
律視爲擺脫危機的靈丹妙藥，因爲它能夠把無
秩序的自由主義扔進廢料堆，而用效率、秩序
和力量來管理社會，它能用國家的威權掃淸一
切，使火車正點，並解決失業和通貨膨脹危機。
這一時期出現的凱恩斯式（Keynes）的國家主

義經濟理論，還有福特式 (Henry Ford) 的集
體主義管理模式，就充分說明了這一點。儘管
國家主義在整體性質上是向後看的，並涵化了
權威主義和保守主義的政治思想，但它的合理
性因素卻不容忽視。

值得一提的是，國家主義的某些合理性因
素，在二十世紀的歐洲已經變爲一種集體價值
的產物，而且是一個極其昂貴的產物，因爲人
們已經確信，只有社會的聯合力量才能提供健
康、教育、娛樂、安全和美好的生活，而這些
不僅是富有者也是社會的一切成員都應該有權
享用的。所以，集體主義的價值觀念在西方工
業社會並沒有因個人價值的存在而受到排斥。
從三〇年代開始，福利國家的形式已經確立，
並逐漸替代那種漫無規定的自由企業經濟形
式，那些新的社區、企業甚至團隊等也以集體
主義來建構自己的價值形態。新集體主義
(Neo-collectism) 曾被稱爲「爬行的社會主
義」而受到壟斷組織的有力抵制，但它畢竟避
免了資本主義價值體系的分崩，成爲一種普遍

有效的醫治社會分裂的精神力量。

　　從歷史發展看，一種思想被時代埋葬了一個時期，但過後又往往復甦，並再度富有活力，去適應某一新時代的需要，國家主義哲學便是具有這種特點的典型例子。在歐洲，這種哲學始創於柏拉圖；它曾在斯多噶派（Stoikoi）、伊比鳩魯派（Epikouros）的懷疑主義哲學的壓力下趨於湮沒，但很快又被帝國政治和貴族專制所接受，並長期主導了中世紀歐洲的君主制度。在十八世紀思想革命時，國家主義哲學再度失勢，成為資本主義文明抨擊的主要對象，但在十九世紀中期以後，它比任何時期更有活力地興盛起來，變成了一種理想的工具，用來作為替換舊制度的權威政治的旗幟，也作為一切集權主義行為的憑藉。保守主義將它看成是抗拒自由的手段，權威主義把它作為預防民主的解毒劑，也許最重要的是國家主義符合了第一次世界大戰以來民族主義膨脹的需要，從而必須把國家當做民族精神的人格化來崇拜。

二、國家主義向法西斯主義的蛻變

　　國家主義哲學對文化與文明具有一種極端偏執的傾向，它強調義務和責任比權利更重要，因而通常是推崇權威和傳統，否定民主和自由，它不承認個人能夠超出集體的意願而追求個人幸福是正當的行爲，所以要求統一、遵從、忠誠不渝和個人從屬於團體。這種價值的最終趨向是將國家神化，使國家具有極端理想化的人格和意志。

　　三〇年代出現的法西斯主義和暴君獨裁，就是依靠國家主義的這種文化特質而獲得合法權力的，因爲沒有一種獨裁者只是由於他的職位或者他的居於支配地位的人格便有了絕對的權力。事實總是獨裁者依靠占有制度，依靠暴力工具，特別是依靠族群中的一部分人反對另一部分人的對立情結和仇恨心理，來實行極權主義的統治。法西斯主義的現象就是一個特殊

政治集團敢於赤裸裸地要求全部權力並使自己
行為不受任何約束時出現的非常政治狀態。

在十九世紀，國家主義是捍衛國家權力並
使之人格化的普遍的意識形態體系，因為利用
傳統和威權的潛在力量來反擊自由主義的理想
是最合適不過的武器。像義大利的馬志尼
（Mazzini）、德國的尼采（Nietzsche）和叔本
華（Schopenhauer），乃至俄國和日本的民粹
主義者等等，都認為國家主義是阻止一個民族
陷於酣睡的興奮劑，它比一般的民族意識更具
號召力，也更具擴張力。當這些國家建立起比
較完整、獨立的政治制度後，由國家主體感激
發的民族狂熱，其結果便是將自己的理想擴張
到國界之外，這種情緒不僅推動了第一次世界
大戰的爆發，也導致了三〇年代法西斯勢力的
興起和帝國精神的擴張。

從二〇年代到三〇年代，世界經歷了舊制
度最後殘餘的崩潰以及新秩序建立初期所面臨
的危機與困惑。隨著傳統價值的衰落以及新保
守主義的興起，對自由思想和民主政治的抵制

最終要以新的形式表現出來。這一時期資本主義經歷的嚴重危機，使全世界陷入混亂，到處是銀行破產、通貨膨脹、工廠倒閉、工人失業，加拿大人燒掉了賣不出去的小麥，巴西人銷毀了賣不出去的咖啡⋯⋯這一切都好像是世界末日，它帶來了人們對資本的絕望，也帶來了希特勒（Adolf Hitler）和他的狂妄。法西斯主義者正是從國家主義那裡獲得了擴張的動力和能量。

　　法西斯主義（Fascism）是二十世紀殘留的異質文化，它是國家主義的某些特質向極端方向發展的必然產物。法西斯主義作為舊制度的價值信念，代表了一種已經衰退的歷史文明，它是奴隸制度在工業文明下的變異，是野蠻蒙昧對現代價值的僭越。法西斯主義的宗旨在於鼓勵和驅使其追隨者，利用人與人之間的不公正和不平等，去建立新的壓迫秩序和極權統治。這種思潮，具有極強的擴張力，只要人民的不滿是起因於集體壓迫或大眾貧困，就有可能被煽動成對暴力的崇拜，並為後來的獨裁統

治提供合法化的窠臼。法西斯主義鼓吹運用暴力和強權消滅造成人們相互對立的某些社會方面和經濟方面的醜惡現象，也具有極大的蠱惑性。它是文明衝突和種族仇恨的思想根源，並為結構式的暴力迫害提供倫理依據，這樣，當帝國文明與現代文明之間的斷層線受到激勵時，便成為戰爭衝突的導火線。

德國在戰前是一個高度發達的新興工業國家，軍事容克（Junker）與工業巨頭的聯合，反映了普魯士依靠劍與火開拓疆域的傳統帝國精神，對第一次世界大戰失敗的復仇心理和工業擴張的迫切願望，使得整個民族心安理得地坐視國家走向蒙昧主義的絕境。當希特勒利用憲法奪取了政權，進而將整個德國推入戰爭的深淵時，他不僅受到傳統文明方式的鼓勵，也得到大多數國民的支持。

義大利是法西斯主義的發源地，昔日羅馬帝國的擴張以及暴力征服帶來的誘人前景，對於墨索里尼（Benito Mussolini）及其追隨者來說，是聚積民族精神、擺脫社會危機的有效

方式。當舊制度的崩潰使傳統的保守主義甩開
宗教和思想的束縛，並渴望海外擴張以及意識
形態輸出時，國家主義激起的政治和心理的優
越感，便迅速導致了強權精神在民族文化中的
蔓延，並走上軍事侵略的道路。

　　在日本的文化中，帝國擴張的思想、傳統
的武士道精神，以及崇拜天皇、神化天皇的大
衆意識，這三者的糅合形成了日本偏狹的國家
主義和民族主義的基礎，它長期影響日本的國
民，並迅速走上軍國主義的道路。事實上，日
本一直是由一批半自治的武裝權力集團控制
著，國家行爲的法西斯化也一直支配著日本政
治的走向。同時，日本從明治維新以來，實行
的並非是自由主義的政治經濟模式，而是獨具
特色的武士貴族與工業財閥相結合的壟斷經濟
模式。下級武士中的一批激進的民粹主義分
子，又是將國家擴張的思想向社會廣泛傳播的
中堅力量，這使得法西斯主義更具危害性。

　　在德、義、日法西斯主義的共性中，具有
相同形式的政治傳統和經濟背景：㈠在政治制

度中殘餘的帝國思想和強權架構，這是以個人威權作爲基礎的少數人實行絕對統治的政治形式，其原則是使國家行爲不受任何約束，因而排斥自由、民主、人權，它將國家壟斷暴力的思想演變成極少數獨裁者的意志。㈡在經濟畸形發展的基礎上，國家和民間積累的財富資源都被用於擴軍備戰，而國民經濟的超常規發展具有瓜分世界市場奪取生產原料的內在要求，因而帶有鮮明的侵略性和掠奪性。㈢在歷史傳統中都有濫用暴力和武力征服的背景，而家族化的武士傳統以及相對不受控制的武裝志願集團，在國家主義和民族主義的煽動下更具擴張性。㈣在種族優越的狂熱情緒導引下，整個民族都被動員起來，將戰爭視爲實現國家理想和民族價值的有力手段，國家被塑造成一部巨大的戰爭機器。

　　法西斯主義相信文化進步的基礎在於意識形態的純潔，以及對民族傳統的堅持，所以精心組構了由傳統、種族和國家制度爲中心的國家社會主義（National Socialism），即納粹主

義的理論，這裡包括了集體主義、權力主義、民族主義、軍國主義和反智主義的思想內容。希特勒將這一切都凝聚爲國家的力量，但他美化的不是國家，而是種族或國民，這樣，他的納粹主張就更具廣泛性和擴張性，這意味著，民族是「同族人民」的共同體，而國家既是維護種族完整並灌輸愛國精神的工具，也是實現民族理想並迫使劣等民族屈服的工具。所以，法西斯主義的制度是脅迫所有人服從統治集團的意志，並引誘人們爲奪取非正當利益而無限制地使用暴力，它建立了一個被高壓的統治機構壓得幾乎窒息的社會，並將它推向更大的災難。

國家主義的內在異質性向法西斯主義的蛻變，其規律在於：其一，政治並不受制於客觀規律，而客觀規律的依據是普遍的人性和共同的理智，當政治對集體的生存和福利無法作出合理的判斷時，公共意志便失去了對暴力結構的控制；其二，政治的核心是集團利益，利益的基礎又是權力，濫用權力與濫用暴力具有某

種同構的關係，當利益機制受到政治權力的驅動時，國家行為便變得無法約束；其三，普遍的抽象的道德原則只對意識形態具有約束能力，一般並不適用於國家行為，當國家行為受到傳統文明方式的激勵，並得到政治迫害或種族仇恨的意識形態認同以後，便有可能演變成結構式的暴力組織。法西斯主義正是從國家主義的異質性文化中，汲取了公共權力不受約束的思想，認為既然國家的使命是把世界給予最優秀的人民，那麼它的組織原則就必須是由天然的領袖來統治，而不是實行根據生而平等的信仰建立的多數統治的民主原則。

戰勝法西斯主義，歸根結柢，不是一般戰爭的勝負問題或道德問題，而是自由與正義的勝利，是象徵人類文明進步的人道精神和民主精神的勝利。它表明，自由、民主、人權、道義這些人類共同價值能夠凝聚絕大多數人的力量，最終戰勝邪惡與暴虐。法西斯主義給人類帶來了最深重的災難，迫使文明社會不得不對國家主義的文化異質進行深刻的省思，歷史也

將從更廣闊的層面去澄汰這些與現代文明相扞
格的東西。

三、二戰結束以來新國家主義
的崛起

　　第二次世界大戰的結束徹底改變了世界的
面貌，它推動了人類的進步，促進了文明在更
大範圍的融合。隨著第三世界民主主義意識的
覺醒，各國都把爭取幸福和人權的思想付之於
國家政治體制的改造上，道德理想的激昂促使
傳統的國家主義形態出現了某些新的變化。

　　戰後的政治格局使越來越多的民族和國家
透過暴力方式或和平形式獲得獨立，但並不意
味著暴力在政治結構中已經消失。在世界的多
數地區，暴力通常是貧窮、不義、腐敗、人口
過剩，以及人們對生活不滿的結果。所以，它
導致了以體現追求社會正義和人道精神的各種
政治思想的出現。一些在戰時曾領導民眾反抗
法西斯侵略的武裝集團，也開始出現在戰後的

政治舞台上。這些以民粹主義和國家主義作爲
政治綱領的民族實力派人物，相繼成爲戰後第
三世界政治權力和國家體制的核心。他們把民
粹主義和國家主義作爲支配大衆情緒的政治資
本，巧妙地利用人民對國家統一和民主制度的
嚮往，建立了一系列的權威主義政權。

在特定的意義上，戰後集權政治的出現，
是在傳統的社會格局受到破壞，外部壓力相對
發生變化的基礎上確立的。一些激進的社會組
織，趁著舊秩序受到破壞而新制度還沒有建立
起來的轉折時期，爲了實現權力的再分配，不
惜使用暴力方式與政府權威對抗，致使群體衝
突、暴民政治、恐怖活動頻頻發生，政治多元
和道德多元的局面並沒有開創出民主主義的新
階段，而是導致了那一時期各國體制相繼發生
改朝換代式的政治動盪。由戰後初期的政治多
元進而發展爲極權統治，是一個歷史的大趨
勢。在這裡，激烈的民族情緒和高亢的民主理
想極易被那些激進的政治集團所利用，拿它們
來取代具體的政治、經濟和文化的建設。因此，

一種民族文化的特殊性誇張，便是與某些政治
學說銜接，藉此來擴張政治權力和意識形態，
重組政治理想主義的烏托邦。

在亞洲各國，戰後確立的政治體制一般稱
之為威權體制（Authoritarian Regime），意指
參與這一統治方式的決策並為體制所認同的少
數精英或集團，由此形成的政策和權力則強制
一般國民接受，本質上體現了維持特殊權力集
團的絕對意志。它透過無所不包的社會控制和
意識形態網絡來支撐高度一元的集權統治，維
持秩序，操守道德，並以此為基礎介入和鑄塑
國家經濟發展的過程。這樣，在壟斷性的國家
資本主義的物質基礎上，透過前資本主義的某
些文化建構，來分配政治和經濟的利益，並獲
取一部分民眾的效忠，從而非正式地增強了統
治核心所實行的威權主義政治的正當性和合法
性。

東亞的「四小龍模式」，就是在經歷了強人
政治之後，逐漸走上經濟自由化的道路。這些
地區，都有深厚的殖民統治和封建化的傳統，

它們的社會缺少自律的力量，群體中積聚的矛盾較多，所以最基本的原則是將政治力量與市場機制相互結合。在政治上，有模仿西方文明建立新型政治權威的初衷，以對付各種形式的外部力量的干擾；在經濟上，則採取有限的方式，實行自由經濟的制度。它們幾乎都一致地奉行由政府權威規範和保護私人企業的辦法，並以政府決策來防止市場的過分低落或高漲，充分增加就業機會，提高國家的汲取能力和對社會利益集團的再分配功能。

　　在北非的模式中，戰後主要是以埃及的納瑟主義（Nasirism）代表的國家主義運動，這種運動與一戰後土耳其的凱末爾主義有些相似，包括阿爾及利亞和利比亞等地的解放運動，他們都因此建立了典型的權威主義政權。在北非這些種族比較單一、民間等級制度相對比較牢固的地區，民族主義和國家主義是緊緊交纏在一起的，宗教權力、政治權力與軍事權力也都是密不可分的。一般說來，這些地區停滯不前，或處於非常緩慢的發展中，經濟的某

些進步並不意味著社會的完全進步，因為文化
體系規定的物質需求水準並不高，而且這些社
會中關於被剝奪和侵占的人權觀念畢竟微乎其
微。但是，在嚴格的國家組織形式下，由於採
取了有限的市場經濟機制，社會積聚了更多的
活力，它們的經濟效果雖然不如東亞模式那樣
顯著，但畢竟開創了權威政治加自由經濟的社
會發展形式，並逐步由政治一元向政治多元轉
變。

　　在南美的巴西、智利、祕魯、阿根廷等地
區，舊的殖民地傳統與保守派天主教的教義，
使這些國家形成了獨特的歷史文明和文化建
構，類似於民粹主義和國家主義的政治思想也
根深柢固。從戰後到六○年代，南美的民粹主
義者以國家利益和人民主權作為號召，積極推
行國家主義的策略，像阿根廷的庇隆(Peron)，
巴西的瓦爾加斯（Vargas）以及智利的阿葉德
（Allende）等，都曾建立了權威主義的統治。
他們在經濟上大力促進工業化和氏族化，力圖
減少對國外的依賴，並在某些領域取得了成

功。在這些國家中，最值得重視的是這裡出現
的一批政治和經濟的精英，有些類似東亞的模
式。這些人數量雖不多，但都是晚工業社會的
產物，他們掌握著先進的技術知識，管理著複
雜的社會經濟組織，控制著政治權力並與國外
有著密切的聯繫。他們具有相似的價值取向和
利益基礎，既相信現代化的理性和效率，也迷
戀傳統的道德和程式，他們有時會聯合起來，
同其他有產者一樣，在感到大眾政治危及他們
的利益、動搖國家基礎的時候，常常會果斷地
採取軍事政變的形式，維持旨在排除民眾參與
的權威主義政權。這些具有強烈封建色彩的國
家，由於缺乏對權力和資本相勾結的約束機
制，私有化和國有化沒有統一的規則，政治權
力在毫無限制的情況下常常失去合法性的基
礎；經濟上則限於解決通貨膨脹和工人失業等
現實問題。到了七○年代以後，經濟才逐步走
向繁榮階段，政治多元的格局也逐漸被各種政
治勢力所接受。

　　從戰後開始到七○年代，在這些實行新的

國家主義策略的地區，相繼建立了經濟起飛的
基礎設施，包括現代的政黨體制和科層組織
（Bureaucracy），並逐漸步入大眾參與和社
會福利普及的環境。儘管這是對現代工業文明
的淺層次的模仿，但傳統的政治規則已被慢慢
消解，社會統治的方式也不再完全依靠赤裸裸
的暴力。這種強權政治加自由經濟的社會發展
模式，涵蓋了新國家主義政治的共同特徵：

　　㈠政治權力的高度集中，並不受民主社會
那種選舉制和法律的約束。

　　㈡官僚集團採取不同的政教合一的形式，
借助文化傳統和意識形態體系來控制民意，駕
馭國家。

　　㈢充分運用國家的暴力潛能或其他強制手
段，來保證民眾服從統治層的意願，依靠倫理
精神來行使權力，維繫社會。

　　㈣政府機構透過產權國有化和私人壟斷資
本相結合的混合經濟形式，來控制各種社會利
益集團。

　　㈤大多數社會成員的個人權益不受尊重或

根本得不到承認，在大眾參與和分享福利方面，深受特殊集團和金權政治的宰制。

在這些戰後實行威權政治的地區，有許多形成相似制度的要素，包括群體規模、生存條件、生活方式等都受到傳統因素的制約，所以個人依附和政治依附的現象是普遍的，政治往往反映了依靠傳統體制和國家威權來攫奪特殊利益的少數人願望。它們對西方體制的借鑒，只是限於資本積累時期的自由競爭和利潤榨取，一般都是透過規模龐大的民間產業和廉價勞動力密集的方式，依賴國家權威體制的支持或放任，來發揮生產的積極性，拓寬市場和外匯的來源。在政治上，更多的是以保守主義而不是自由主義那裡獲取思想的來源，因為保守主義雖然選擇了寬容和秩序，卻無法容忍自由主義的個人權利論的發展。這種經濟現象演變的社會形態，是使新生的市民階層和中產階級更加依賴於國家體制，這一時期的民間社會也沒有足夠的資源和能力來創造新的文化霸權或大眾話語的價值體系。

四、新國家主義的歷史淵源 與文化背景

　　新國家主義的產生，幾乎源於相同的歷史文化背景。首先，國家的政策法規都是由非民選的政治權力體系制定並推行，重點放在排除公共參與和外部滲透的基礎上，整頓社會利益集團的某些關係，施行對私人壟斷企業有利的措施，這是提高社會汲取能力的必經途徑。其次，是對經濟體制進行有限的自由化調整，用優惠貸款方式鼓勵私人企業創設有戰略性資源要求的某些部門，逐漸形成國家支配的趨勢，爲政府權力的有效干涉提供政治依據。再次，是政治權力與經濟體制的進一步融合，突出了國家的可塑性，即金錢買到影響力、權勢又吸引金錢的方式，使國家無力實施自己的法律和意志。因此，建立合法化的權威主義政治勢在必行。

　　在奉行新國家主義的社會形態中，一個普

遍的規律是在不破壞傳統的基礎上，開闢自身發展的道路。這種發展的共同趨勢是：第一，建立有效能的中央政府。第二，起用務實的社會精英。第三，採取適合國情的經濟政策。第四，最大限度地利用傳統價值與現代文明的某些混合型的文化建構。由於這些經濟文化落後的前殖民地國家本身並不具備建立發達資本主義的歷史條件，往往是從本土化的建構中發掘政治文化的傳統，來作為新國家主義的基礎。這些地區在經濟起飛時，雖然資本積累、市場體系和中產階級都已經出現，但畢竟是資本主義較低階段的產物，它們雖然吸收了現代社會的某些物質成就，但文化的滯後使政權結構無法擺脫同特殊集團的聯繫以及草根政治的羈絆。為了尋找自身的合法性，便是利用那些能夠說明權威政治是有道理的新保守主義觀念，包括傳統的和異端的。

　　東亞的晚工業化模式，開創了第三世界邁向現代化的格局，國家強權、私人資本與現代文化在社會中並存局面的出現，表明經濟發展

需要一種強勢的社會結構的支持。由於這種經濟發展模式均屬於儒家文化圈內晚工業化的產物，所以政治與經濟的共進過程不是一帆風順的，傳統的倫理秩序和現代的價值體認常常是相互衝突又相互彌合的。在大眾參與和政治主體的確認方面，是這一進程的突出矛盾。當市民階層和中產階級崛起，並產生新的政治文化意識的時候，傳統的國家主義形式也必須隨之做出新的調整。

　　在這些地區的經濟發展中，共同的特徵是不具備西方社會中那種規範化、理性化的制度結構，非正式的行為規則和隨機化的行為控制占支配的地位。家族化、倫理化的傾向一直影響社會組織和經濟結構的一般性規則的建立和實施。在社會經濟領域內，普遍存在一種「企業家族主義」(Enterpreneurial Familism)的建構，這種建構使一切正式的法律、規章都可以因人、因事而被破壞或改變。從五○年代到七○年代，這種混亂的缺乏規則的制度結構，總是遭到周而復始的民眾暴亂或改朝換代的困

擾。而新國家主義的建構有助於形成和完善某種理性的制度約束，因爲在內部制度中保持較大限度的國家集權，是平衡社會的有力保障。特別是對於效法市場經濟不久的東亞社會來說，規範那些非成熟的自由經濟和企業競爭的種種弊端，一種高度權威化和完全中性化的國家體制是必不可少的。

在理論上，強權化的政治架構應是作爲分裂和消解舊體制的必要條件。因此，運用統一的獨立於任何集團利益的國家形式，來保護工人、市民和小農的利益不被膨脹了的私人壟斷資本所任意踐踏，就必須建立由法律支持的強勢政府。可是由於文化傳統的倫理因素也參與價值承當，又習慣於把信仰權威與世俗權威統一起來，這種東方式的國家意識和倫理意識的深層契合，意味著集體主義與烏托邦主義對東亞地區的文化建構仍然具有驚人的影響。帕深斯（Talcott Parsons）認爲，這是能夠使屬於一個集體組織體系的各個單位履行其自身義務的普遍能力，只要從集體的目標來講，這些義

務是合理的。這種以群體取向為普遍形式的價
值體系的結構特徵，保證了它在各國發展中所
具有的極大的有效性和整合性，但在權威喪
失、信仰解體時，也會招致價值體系和道德教
義崩潰的嚴重打擊。值得注意的是，奉行新國
家主義的所有國家和地區，幾乎都沒有自由主
義的傳統，這不是偶然的問題，而是一種帶有
普遍規律的現象。這表明，新國家主義確認的
社會化結構，根本不同於西方工業化國家依據
個人化原則 (Personalist Principle) 建立的市
民社會的概念。

　　從西方現代化的歷史過程來看，從集權主
義的封建宗法制到市民社會的民主制，乃至於
福利國家的出現，國家組織或政治形態 (Po-
lity) 的疆域一直被不同的意識形態或社會運
動所建構，同時也不斷處於交替置換當中。就
像自由主義和保守主義在西方政治建構中相互
涵容又相互制約一樣，總會圍繞國家主義意識
形態緣生許多新的思想。在東亞的社會模式
中，當自由經濟和現代文化的融入改變了原有

的政治規則時，社會便處於一種特殊的國家利
益關係的調整之中。它要同時顧及有效政府的
權威基礎、政治實體的存在、經濟發展、福利
普及、大眾參與，以及對付外部干預等，顯然
這種環境需要新的思想構架來調適，而新國家
主義意識形態不得不以寬容和多元作爲合法性
的來源。

　　新國家主義的發展已經不能完全理解爲傳
統體制的自然延續，而是源於對新秩序的恐
懼、不安和貧困的憂慮。這些國家和地區基本
上是在東西方冷戰的夾縫中謀取生存和發展
的，這雖然增加了社會自組織按規律生成的難
度，但在總的趨勢上，由於對現代文明的渴望
以及人文環境的相對寬鬆，其權威主義政治的
性質並不帶有意識形態輸出的特徵，公共權力
的異化方式也不具有等級對抗的性質。由現代
科層組織和科技文化精英構成的管理體系，通
常也是效忠國家型的。這樣，漫無章法的經濟
無序和某些官僚新貴的特權擴張，便有可能受
到強有力的集權政治的遏制，新的社群關係和

社會福利普及也有可能緩解兩極分化的加劇。

新國家主義的政治架構，將權威政治視爲民族富強之根柢，因此具有普遍意義的價值認同，但是，在與民主政治相結合的程式上，卻常常是以民粹主義的社群取向爲出發點。在新國家主義看來，民主精神代表了一種大公無私的傳統價值，這種價值可以與民族主義相結合，使民主成爲一種群策群力、團結愛國的思想，也可以與烏托邦主義結合，將民主視爲豐衣足食、憂樂圓融的理想社會楷模。顯然，現代民主觀念被傳統道德機制所化約的形式，具有極大的危險性，這就不難理解爲什麼在轉型時期民主思想大量散播之後，接踵而至的卻是政治權威主義和文化保守主義籠罩的時代。

現代化改變了資源分配的模式，也改變了不同階級、不同群落的日常利益關係，從而設定了民間社會與公共領域的最終歸屬問題。從這個意義出發，新國家主義的本質，是在於重新建立國家介入社會的角色、範圍與效率的問題，這不僅關係到政府權力對自由經濟的有效

干預，也涉及到政治制度、社會關係以及文化建構的合理性基礎。由於多元的政治、社會的出現，統一的權威統治秩序因受到持續衝擊而漸趨鬆弛，這對於視政治權力爲道德理想之工具的東亞社會來說，依附於國家體制的市民社會以及具有政治廣義性格的公共領域，將逐漸形成對國家威權的疏離趨勢，這使得國家政治結構與社會諸力量之間的關係，以及矛盾衝突的形勢更爲複雜。

第五章
新國家主義的政治前景

　　在世界範圍內，傳統的國家主義綜合了各自文化中的普世價值和秩序思想，代表了人類渴望運用集體價值建構共同體的趨向，並以實質上體現爲把階級對立和社會對抗加以柔化的權威主義政治的延伸。建立在國家主義之上的新國家主義形態，概括了強權政治加自由經濟的全部內容，其核心是將維持傳統體制和促進經濟成長視爲政治合法性的唯一源泉，這樣，由於運用現代自由經濟和市場規則的優勢，採取新國家主義策略的發展中國家，幾乎都創造了舉世矚目的經濟奇蹟，並在威權主義的環境中孕育了政治多元的局面。

　　但是，強權政治加自由經濟的發展模式，
雖然大量吸收了資本主義工業文明的某些合理
性因素，並確立了現代政黨體制和現代科層制
度，但其實質在於始終不放棄利益集團對國家
的獨占形式，並充分運用國家的暴力潛能來維
持少數人統治的特殊地位。新國家主義的社會
目標是擺脫貧困和饑餓，但缺乏塑造社會自我
組織的能力，因而在維持政治傳統方面往往採
取文化保守主義的立場，並把柔化了的權威主
義政治作爲民主的代用品。事實上，政治的多
元化並不等於政治的民主化，經濟的現代化也
不等於社會的現代化。新國家主義作爲一種過
渡形式和混合體制的象徵，涵蓋了當今世界所
有的經濟發達而政治滯後的社會模式，是新集
體主義、新權威主義、新保守主義的總根源。

　　進入九〇年代以來，新國家主義對廣大第
三世界國家以及前蘇聯體系產生了重大影響，
由於冷戰的結束和改革的壓力，一些國家和地
區放棄了原有的經濟模式和價值模式，開始運
用自由化經濟的手段，從經濟成長和社會福利

普及的好處中汲取政治合法性的源泉，這樣，以發展國家規導下的混合經濟作為一種文化策略，並吸收現代文明中的某些普同性價值，來加強傳統的政治地位，其結果必然是與新國家主義接通。新國家主義能夠在一定範圍內超越民主政治的階段，建立起新的烏托邦，這種政治前景，是它得以承續和擴展的根本緣由。

一、新國家主義創造的社會福利與經濟奇蹟

　　一般說來，現代化的啓動，大概要經歷兩個階段，一個是對傳統的整體性的否定和衝擊，另一個是對傳統進行分解性的再吸收，但總的趨勢是傳統文明與現代文明重新整合的過程，在這個過程中，文化傳統中蘊涵的追求秩序與和諧的質素有可能在國家威權的規範下，繼續發揮其潛在的力量。

　　如果說，歐洲的自由主義和民主主義是工業革命產物的話，那麼新國家主義的崛起則是

第三世界晚工業化的結果。像東亞四小龍創造
的經濟繁榮，表明世界不同地區日益捲入現代
化的進程。但是，西方國家的現代化是自發的
社會過程，而第三世界後發的工業化過程則是
帶有自主性的國家行為。

　　東亞的道路表明，經濟因素是外變的因
素，它是社會發展的物質動機，它在社會生活
中的功能愈大，社會發生躍升的可能性也愈
大。但是，文化因素卻是自變的因素，它所提
供的一種價值觀將直接影響人們的意識，它的
功能是為經濟生活和政治生活提供某種約定俗
成的行為規範和價值判據。文化並不直接對經
濟發揮作用，但文化傳統的倫理精神和價值體
系，將直接決定生活方式和生產手段的選擇，
並對政治環境和權利分配產生影響。因此，在
一種具體的模式中，文化因素的超前或滯後，
將決定經濟運行的方式以及國家干預的手段，
從而確認權威主義政治的合法性基礎。

　　東亞的經濟騰飛，似乎證明了新國家主義
的政治有效性，所以一些國家的政治家也大力

推崇這種權威主義政治。韓國的前總統朴正熙
就主張:「當今的亞洲人民更懼怕的是饑餓和
貧窮,而不是極權主義者強加給他們的各種難
以忍受的限制。亞洲人民首先希望能得到經濟
上平等,而後才要求建立一個更加公正的政治
體制。對於生活在饑餓和絕望之中的人民來
說,民主是毫無意義的。」(《我們國家的道路》,
朴正熙,1970) 類似的思想也瀰漫於第三世界
其他國家的政治架構中。這顯示,新國家主義
的社會目標主要是擺脫貧困和饑餓,而不是塑
造社會自我組織的能力,它排除了政治理想主
義在現代化過程中的支配地位。

　　第二次世界大戰結束以來,中國大陸處於
外部力量的強大干擾之下,台灣的局面也類似
於大陸。當台灣失去了政治統一的優勢,政治
理想主義也漸趨淡化之後,只能是在經濟上取
得生存空間和發展的機會。當局採取了世界通
行的市場經濟政策,又充分利用了台灣資源的
比較優勢,經濟因而起飛。韓國也是如此,政
治統一意識的破滅,集中力量建立自成體系的

經濟機制，並取得了成功。台灣和韓國的共同
特徵在於：一是依靠強有力的威權體制，由它
來控制國會和民意，使行政權暢通，以便領導
經濟建設，維持半壁河山的平穩；二是汲取日
美的模式，為政治存在奠定有利的國際環境，
並以此來完成資本積累，開闢新的財源和市
場。新加坡和香港的經濟成長則是在英國殖民
統治的環境中發育的，它們的民族熱誠和自強
意識，不是用來建立意識形態的擴張，或重構
理想政治的烏托邦，而是以某種現實的經濟體
制和政治統轄來展現民族精神的合力，充分利
用自身的力量和國際環境優勢來發展經貿，提
高居民的生活質量。

　　東亞的發展模式具有許多相似之處，而最
根本的原則是政府力量與市場機制的相互配
合。在這些地區，民族主義立場相對是次要的，
而國家主義的共同體意識卻是異常的強烈，威
權政治的價值體系構成了公民信念的主體精
神。因而，在政治上能夠簡單模仿西方制度，
運用現代政黨機制和科層制度來完善政治，以

對付不同形式的壓力。在經濟上則是採取有限的市場經濟政策，實行混合型的管理方式，這包括：㈠政府利用財政和金融政策來動員私人企業，運用行政力量保證市場經濟不致失序，但絕不取代市場的自律；㈡政府利用國家最高決策來保證長期性目標的實施，建立獨立和超越狹窄集團利益的標準，使經濟策畫和權益分配受到超利益的國家威權力量的監護，不被草根政治所干擾；㈢政府制定勞工政策與福利普及相互適應的某些標準，防止因分配不當而導致的民眾騷亂或社會對抗；㈣確立有效能的中央政府，由於東亞模式都是在前殖民地經濟的基礎上求取發展，政府可以自由地執行國家策略，不受特殊集團的干涉；㈤建立適合本地特點的融資機制，利用外資但不受外資控制，以保證有效地彌補國內資本不足乃至用於最新技術的引進。

在新國家主義創造的經濟奇蹟中，能夠發揮較大優勢的文化因素，是泛家族主義和新集體主義的社會秩序。它既導源於本國固有的政

治傳統，又摻進了西方社會模式和政治思潮的
某些成分。所以，這些東亞國家比西方的國家
體制更加集權化，政府與企業之間的協作精神
也更加理想化。這裡，一個普遍的規律是對文
化傳統的承續。儒家思想作爲一種潛文化意
識，仍在經濟發展中發揮積極的作用，像以「孝」
觀念爲中心的家族主義意識，以「善」觀念爲
中心的倫理主義意識，以「公」觀念爲中心的
共同體主義意識，還有樂群敬業的人身價值意
識，互助共享的同族意識，不屈不撓的自強意
識等等，都能有效地增進國民的凝聚力，加強
不同階層的成員對國家權威主義政治的認同。

　　另外，在對現代西方文明中的理性觀念的
重新估價中，也導致了以個人主義和物質主義
爲核心的實用理性的泛化。其一，市場交換行
爲中涵攝的理性，導致了科學技術價值在經濟
領域的擴展，這時，理性是作爲工具化的理性，
一切有利於充分發展和推動高增長的方式和方
法，都被認爲是合乎理性的，因而刺激了個人
主義和物質主義的勃興，這種工具理性是社會

經濟發展的契因。其二，在經濟取得相應的成果之後，超常規發展引起社會、政治、思想等層面的嚴重失調，這時，又呼喚出一種價值化的理性，因而不僅提倡集體主義、團隊精神和紀律的價值，而且對於社會汲取能力的確定、福利制度的引入、政治多元的體認，都被看成是合乎理性的，這種價值理性，又是國家政治演變的實質。

　　新國家主義的目標並不完全是經濟方面的，這裡，傳統政治在新的更爲年富力強的一代人中得到全新的體認，國家不僅僅作爲利用各種資源爲公共謀福利的權利象徵，而且也是爲了不讓資源棄置或低效率的新秩序觀念。這又使得富有的少數人可以利用國家的優惠或特權，來維持不斷增加的高收入，而國民經濟的其餘部分則是以工資和薪金的形式分配給工人、市民或雇員，這對於廣大的多數人來說，只不過是僅僅維持生計而已。所以，民衆從國家體制結構中所能得到的一部分保障，並非是國家由獨占階段進入再分配的產物，因而遠非

是社會化的，它只是國家在汲取能力提高之後造成的客觀的普遍意義的福利效應。

從某種意義推斷，經濟的自由化並不意味著政治的民主化，因爲政治民主化和經濟民主化是現代化進程的兩個層面。經濟民主化意味著：第一，沒有經濟的平等，人類社會生活的很大一部分將是不民主的，因爲絕大多數人的絕大多數時間都是消耗在生產領域中，如果所在的企業結構是不民主的，即使整個國家的政治結構是民主的，人們也無法控制自己的命運。第二，沒有經濟的平等，人們在經濟收入、社會地位、對資源和訊息的占有，都可能造成極大的差距，這種差距無疑會加劇參與國家事務的能力和機會的不平等，進而影響民主政治的實現。

在奉行新國家主義的社會形態中，經濟騰飛顯然是權威政治下的秩序和高效率的結果。作爲對公民效忠國家的獎賞，國家協調的方式是讓勞動階層分享一部分經濟成果，這種由國家強制實行的再分配，維持了適當的工資額

度，或者緩慢而持續地擴大了福利的範圍。所以，國家的經濟立法和社會福利政策的實施，尤其需要社會保證因素的融入。這種因素不僅體現在自由主義意識形態中，也體現在保守主義意識形態中，這樣的結果是工人和市民都能很好地融入國家，既有愛國精神，又有改良色彩。但是，到了八〇年代以後，民眾對改良主義已經不抱希望，這就減少了國家體系的凝聚力，並在實際上削弱了公共權力在民眾心目中的合法性。然而，當國家不再擁有合法性時，就難以避免政治鬥爭的激化以及分離傾向的加劇。

二、新國家主義奉行的威權政治與多元格局

第三世界的發展模式中，市民社會的重建，顯然不能重蹈資本主義生產方式的全部過程，而是透過「搭便車」來實現，一般不會排斥國家行為。因為國家的政治權力退隱之後，

經濟不平等造成的資本壟斷權力就會趁虛而入，這對於生活在社會底層的人們來說，市民社會就不會是一片太平淨土。所以，要節制私人壟斷，規範市場行為，縮小經濟社會的差距，最終還需要國家力量的約制。而爭取民主的程序並不意味著將國家逐出社會和經濟領域，只留一個「守夜人」；現代化的趨勢是推動國家、社會和個人的全面民主化過程，並保留國家干預的功能。

在東亞社會，最初是以落後的資本主義生產支撐高度的勞動剩餘榨取的方式來進行資本的積累。在國家體制的支持和放任下，這些獲取的利益，一方面透過對外開放的網絡，促進了民間資本的增長，另一方面透過對內壟斷的機制，支持了特殊壟斷資本的擴張。由於資本分配的不平等會造成社會各集團之間的利益差別，利益差別可能導致利害衝突，利害衝突又會引起壓制與反壓制的鬥爭，所以，社會利益機制的均衡，最終要由國家來規範。因為國家能創造條件，可以壟斷銷售以及生產要素的採

購，也可以使不同的生產者獲利或受損，體現資本主義「獎賞最好的生產者，淘汰最差的生產者」的無情規律，這是新國家主義奉行威權政治的經濟原因。

杭廷頓（Huntington）分析了發展中國家在現代化啓動時面臨的政治腐敗和國家軟化的現象，認爲這主要來自以下幾個方面：一是現代化涉及到社會基本價值的轉變，一些集團開始用新的外來規範來判斷他們自己的社會，那些按照傳統規範可以被接受並合法的行爲，在這些現代人眼裡就成了不能接受的腐敗行爲。二是現代化開闢了新的財富和權力來源，腐化是握有新資源的新集團的崛起，和這些集團爲使自己在政治領域內產生影響所做努力的產物，這既是窮人的腐化，也是富人的腐化，一方用政治權力換取金錢，另一方則用金錢換取政治權力。三是現代化是透過它的政治體制輸出方面造成的變革來加劇腐化，在政府權威和各種受制於政府的活動增加的情況下，一切法律都會使整個集團處於不利的地位，這個集團

最終變成潛在的腐化根源。這些分析顯示,政
治腐敗和國家弱化將導致合法性能力的削弱,
因爲財力分散和貧富懸殊將破壞中央政府的再
分配功能,使集團利益差距擴大,並且富者愈
富,窮者愈窮。當政府無力爲國家機器的日常
運轉提供充足的經費,也不可能爲政府公務人
員提供足以養廉的待遇時,便加強了官員同某
些利益集團相勾結的趨勢。遏止這種趨勢,顯
然需要威權的提升和法律的嚴酷,這是新國家
主義順利實施強權政治的社會原因。

　　以發展爲中心的新國家主義理論具有兩個
鮮明的特徵:第一,運用國家所掌控之權力和
經濟資源來擴大物質生產,使社會具有自身增
長和福利普及的物質基礎;第二,國家充分發
揮體制功能和意識形態功能,使威權統治的特
質深入社會,對社會自我組織造成強大的障
礙。這樣,市民對強人政治或賢人德政的期盼,
更勝於對個人權利的要求,勝於參與社會變革
的現實。作爲市民中堅力量的中產階級,並沒
有獨立於國家的意識形態,也沒有能力將物質

利益分配給整個社會，他們要麼遠離社會運
動，要麼依附於威權政治，以維護自己的利益。
而挑戰權威的大眾政治意識，由於缺乏資源和
能量，並不可能形成取代傳統政治文化的格
局。社會自治和個人權利之類的價值觀念，也
總是受到新的權威主義和保守主義意識形態的
整合，因而只能以屈從國家主義作爲歸屬。市
民對社會的依賴實際是確認了國家與社會之間
的新的政治關係。

　　在亞洲新興的工業國家中，民族主義與一
黨政府具有密切的關係，它的政治內涵是將國
家權力理想化，由此制約國家的現代化走向，
借鑒外國而不危害民族的特點和歷史，保留傳
統而不盲目排斥現代文明和普世價值。一些人
據此提出儒家文化的「現代化潛力說」，甚至提
出「新儒教國家」（Neo Confucism）的概念，
把高速增長的東亞地區稱爲「亞洲倫理的工業
區」，認爲儒教文明比西方文明更加強調人與
人的相互依賴，所以儒家倫理也更加適應威權
體制下的現代化格局。這樣，由政治精英掀起

的對傳統文化的渲染，從日常生活的休閒活動、媒體的藝術創意，到教育、福利、衛生保健等一切領域，致使威權政治的特質深入人心。而且一黨體制的強固，不僅使人們對政治產生恐懼和冷漠的心理，也強化了國家的體制功能，助長了官僚政治的傾向。

在東亞，一種特有的社會組織方式就是新集體主義社區的出現。它區別於西方的以個人為基礎的社會組織形式，而是一種泛化了的家族文化在現代體制下的變異。它使得每個企業或社區都像一個大家庭，其內部的人與人之間的關係，除了明確的利益關係之外，還有附加的沒有血緣因素的親情關係、等級關係，以及事實上的不平等的分配關係。這種威權體制下的新集體主義秩序，實際就是泛家族主義的直接產物，在行為方式及內部成員的倫理義務方面，與家族有著驚人的相似，它是亞洲晚工業化發展模式中最基本的生產和生活的群體形式。

儘管強大的國家主義體系是分化、瓦解舊

的社會結構的必要條件，但若沒有新的充滿活力的社會汲取能力和管理能力，國家也要逐步失去基礎，像中國歷史上就充滿了強大的王朝開始時期能有效抑制豪門大戶，但最終卻無力保護小農的例子。在古典的市民社會模式中，私人生活領域意味著社會成員對涉及他們利益的集體目標和政治規範可以公開討論，並求助於法律體系的庇護。但東亞現代化確立的市民社會，是一種尚未形成建制化的社會，僅僅是以背景知識、價值觀念、能力要素等形式理性作為基礎，因而這種管理和控制，在很大程度上是以策略性和工具性的目的為前提的。

　　為了提升社會的汲取能力和管理能力，在新國家主義的體系中，一個共同的趨勢就是以技術精英和政治精英的核心的一批專業人才的崛起。這些人多是從西方受過嚴格的專業訓練，在脫離傳統方面較為徹底，尤其是具有現代思想的精英進入權力系統以後，雖然在社會管理方面仍然墨守成規，但是，政治專斷和軍事獨裁的傾向已經逐步淡化，並懂得如何依靠

議會制度和大衆政治的支持。在某些特定的情
況下，也易於將戀棧的政治權力交還憲制，這
在東亞、北非、南美的模式中，都有明顯的例
子。

　　從威權體制轉型到現代意義的民主政治，
顯然是艱難而又漫長的漸進過程。在東亞社會
中，只有經流血革命推翻一個專制政體，重新
再建立一個專制政體的歷史經驗，而這樣的歷
史經驗所積澱的一些政治文化意識，嚴重影響
了第三世界的社會發展格局。政治多元和道德
多元的出現，畢竟開始了政治發展的新階段。
雖然大衆參政和多黨局面剛剛開始，但傳統的
政治秩序和家族力量仍舊強勁，這未必就是民
主政治的開始，而是強人政治或派系鬥爭的翻
版，可是，這種格局畢竟爲大衆參與提供了一
種效法民主程式的演練過程。

三、新國家主義在前蘇聯體系及第三世界

　　自八〇年代中期以來，在前蘇聯體系的國家中，幾乎都遭遇到強烈的社會震盪。由官方倡導確立的自由經濟體制，與民眾參與形成的大眾政治運動的進一步結合，終於把一股無法控制的社會力量放出了籠。這股政治潮流，既是支持社會改革的動力，又是摧毀現存體制的力量，隨之而來的是前蘇聯體系的普遍的改弦易轍。進入九〇年代後，原蘇聯的國家形式開始分裂，華沙組織也自行崩解，這種結局，不僅對國家權威體制帶來巨大的震撼，也引起人們對政治合法性的普遍懷疑，這就導致了國家主義和民族主義的再次勃起。

　　為了確立更大範圍的政治合法性，俄羅斯及昔日的盟友一面從西方體制中尋找模式作為鏡鑒，一面又從個自的文化傳統中汲取凝聚國家的力量。俄羅斯將沙皇時代的雙頭鷹徽和三

色旗重新啓用，不僅意味著俄國將重新投入世界的懷抱，也標誌著泛斯拉夫主義和大俄羅斯主義的重新抬頭。國家從驚恐未定的內亂中清醒過來，所要做的第一件事便是充分利用冷戰結束的時機，爲民族振興提供有效的推動力，這就促使它們拋棄原有的社會模式和價值模式，用國家主義和民族主義取代傳統的意識形態體系，並採取較實際的新權威主義方式。

前蘇聯體系的演變說明了高度集中的計畫經濟體制的失敗，因爲阻礙經濟發展和政治進步的傳統體制，已經窒息了社會的生命力，它迫使人們對傳統政治結構與市場經濟的關係進行重新反思。這樣，以實行自由化的市場經濟制度作爲文化策略，並推動政治體制的變革，便成爲一種普遍的選擇，政治自由、混合經濟、福利國家、凱恩斯主義以及平等信念，成爲改革的五項原則。

在蘇聯及東歐發生劇變的時候，「民主社會主義」的定義不過是對國家能力的一種含糊信奉，人民普遍相信國家有能力消除由於放任

自由經濟而帶來的所有難題，所以，社會主義
被繼續使用的方式，實際上是國家試圖強化政
治合法性的重要步驟。除非宣布走共同富裕、
經濟平等的道路是社會主義，或是宣布體現人
類共同價值的人道主義也是社會主義，否則，
沒有什麼真正的理由行使對公共權力的壟斷。
但是，此種舉措已經抽空了社會主義的內涵，
這意味著，一種新權威主義（Neo-authori-
tarianism）政治將取而代之。

　　這一進程，類似於哈維爾（V. Havel）所
描繪的在東歐發生的類似事情，即意識形態話
語的降級和對傳統道德冷嘲熱諷的出現，這使
原來的占據權威地位的官方話語變成一種枯燥
無味的符號。傳統價值的跌落，再加上更多的
人看到政治理想主義的解釋與社會的未來並不
相干，這就招致了知識界對如何維護傳統權力
合法性的不同理論的探討，包括對新權威主義
和新保守主義的重新體認。意識形態話語的降
級激發了人們對未來發展的熱情，這種興趣是
從渴求穩定和急於發展的心態中衍生出來的，

同時，也來自人們對經濟改革和政治改革的普遍關注。

　　俄羅斯及其東歐的政治演變，是將原來的社會模式與新國家主義接通，從而建立新型的權威統治。因爲新國家主義是在「全民國家」和「民族國家」的旗幟下對政治體制的確認，但在溫和的改良主義者看來，這是不可接受的，因爲這樣會留下危險的政治空白。然而，政治多元的結果卻是出現了加強政府威權和實行強人統治的理論。一些人提出，一個強有力的中央政治權威是必要的，尤其在政治多元和市場經濟初啓的階段，需要集權化的政治形式，以便阻止社會分裂對現代化造成的損害。因爲政治特權與部分經濟改革成果相結合的趨勢，導致了官僚體制中營私舞弊猖獗，以及貪污腐敗的大量出現，國有的公共企業，在合法或不合法的前提下，實際成爲私人的領地，被那些經營者或多少或少地盤剝。顯然，新國家主義的意識形態是在恢復秩序和紀律的價值基礎上，被重新確認的。

　　前蘇聯體系的文化背景，極易積累起民眾的保守主義心態，這種心態將排斥由現代多元主義發起的反對傳統政治體制的鬥爭，或是取代某種形式的原教旨主義反對自由主義民主派的鬥爭。但是，隨著現代化進程的不可逆轉，政治理想主義將在渴望回到國家主義經濟環境中、求取生存的部分民眾與堅持從不受約束的混合經濟中、撈取好處的特殊利益集團之間的磨擦中，被擠下社會舞台。而傳統民粹主義和新型國家主義相互結合的契機，是在舊的共同體向新的權威政治轉型的進程中，出現更大範圍的社會多元局面。新權威主義和新保守主義爲了秩序將蛻變爲正統派，自由主義和民主主義爲了理想也將淪落成民粹派，這一切，已經從俄羅斯政治演變的迷亂中露出端倪。

　　東歐劇變的震盪，特別是前蘇聯的自我解體以及冷戰結束後出現的緩和局面，助長了第三世界爭取「多黨制」、「私有化」以及「民主化」的潮流。因爲隨著冷戰時代的告終，文化的普同性克服了意識形態的差異，經濟合作、

跨國貿易也爲文明的互動提供了有利的環境。
包括中國在內的第三世界發展中國家，因此不
得不調整自己的改革步伐，將鞏固體制的防範
性改革，逐步擴大到生產、分配、文化、教育
等領域，以尋求最大的道德合理性。

　　在這些發展中國家，一種普遍的現象是權
威主義政治思潮紛紛抬頭，它們已不再從理想
和經典中尋找出路，而是關心以經濟成長來支
持未來的政治形式的架構，並從新保守主義
（Neo-conservatism）那裡尋求支持。一些改
革派人士看到，隨著經濟起飛而帶來的社會變
革後果是難以預測的，而中產階級的壯大有可
能建立一種獨立於國家監控的經濟和社會基
礎，並將導致產生更多的政治多元傾向和大衆
參政的要求。因此提出與匈牙利改革者相類似
的主張，即一種以市場經濟爲前導，以技術精
英爲中堅，重點發展經濟建設的文化策略，以
期在未來的發展中牢固確立國家威權主義體
制。類似的主題也貫穿在新保守主義的政治思
想中，但新保守主義更加有意識地從傳統政治

文化內部汲取那些殊別化的價值，提出社會能夠依靠傳統方式的統治經驗，而不是書本上的公平原則。新保守主義者接受了新權威主義的一個見解，即在社會轉型時期秩序和紀律是高於一切的思想，進而提出在既存的政治結構中施行混合經濟的模式，並起用一批從事現代化的技術官僚來達成目標。一些第三世界國家將合法性的基礎轉到經濟方面，其實是受到東亞的新國家主義模式的啟思。因為多數人認為公共權力能夠提供穩定的局面，即使這意味著一種更具權威主義和保守主義性質的權力體制，但在實踐上，卻無法超越集體主義和烏托邦主義的某些文化建構。而多數人從市場經濟中能否獲得利益，是支持經濟和政治改革成功的關鍵。因而，新權威主義和新保守主義都把效法東亞模式或南美模式作為現代化道路的範典，這無疑又是對正統意識形態的消極抵制。

前蘇聯體系發生的演變揭示了一個道理，即一旦國家原有的道德權威開始滑落，其政治合法性也將成為突出的問題，如果還要繼續生

存下去就必須發明新的制度體系，以應付隨著
經濟改革而出現的新的利益群體。這樣，傳統
的模式將被擱置一旁，而是從經濟的繁榮中把
握社會的未來。而第三世界現代化過程中衍生
出來的社會勢力和政治規則，將作為一個極好
的樣板，來說明權力如何能夠透過一個構造了
自身信仰體系的話語共同體（Discourse Com-
munity）中產生出來的過程。從這一角度而言，
民主化因其高度的社會動員和參與功能，而具
有巨大的政治涵容性和適應性。

　　類似中國這樣的第三世界國家，社會改革
的阻力主要來自特殊利益集團的干擾，因為混
合型的經濟結構意味著一部分官員和商人變成
相互依賴、相互滲透的特殊階層，他們同時對
國家具有一種共同的依賴，希望保持現有體制
並維持他們下一代的特殊利益。因此，他們唯
恐走向一種世界通行的市場體系的改革，這種
改革不僅會喪失暴富起來的商人同官員業已建
立的某種聯繫，也會招引越來越多的工人、市
民和知識分子的懷舊情緒。

市場經濟的迅速發展，以及隨之而來的公共話語的興起，已使原有的意識形態權威慢慢地流失，它預示著一種無政府狀態下的個人主義將摧毀傳統價值。它的政治意識的社會化過程，是由此產生的諸如問責（Accontability）、訴求（Private Prosecution）以及次群體的自主性要求等，都被推向政治程序，以尋找另類程式的身分認同。而經濟秩序的紊亂與財富機制的畸形化，加大了社會管理的難度，這將為國家的集權化提供更為有力的道德認同。

四、新國家主義在當代的使命與政治前景

當世界即將進入二十一世紀的時候，新國家主義作為當代政治潮流中的突出現象，已經與第三世界國家的傳統、秩序、家庭、地域、民族緊緊地聯繫在一起。它作為從社會生活的沉淪和分裂中釋放出來的凝聚力量，已經深深地滲透到各國的政治結構中，並透過現代化的

過程憧憬未來。

在東亞及其他後發工業國家，現代化進程
所面臨的最重要問題是政治發展的問題，尤其
是民主政治的建設問題。由於各國幾乎都以不
同的形式面臨民主的挑戰，所以對傳統的國家
威權主義的省思，並不是僅僅限於肯定這種政
治體制在經濟發展中扮演了如何重要的角色，
而是應該從新國家主義確立的多元政治格局中
去體認民主政治的未來。國家具有自己的生命
和目的，不受規範個人的法律和道德的約束，
它可以在自己統轄的範圍內，爲了經濟利益而
採取行動，也可以爲了政治利益而限制自由，
顯然，這將過度地擴張國家的職能。但這種趨
勢，是現代化過程無法避免的規律。

新國家主義無法甩開集體主義、情理判斷
和對一個完美世界的夢想，所以，權威政治便
成爲調適集團利益、相互傾軋、強制服從等社
群關係和社會衝突的普遍現象，不斷爲生存、
權力、擴張而鬥爭。在權威主義者看來，這是
社會和諧與秩序的眞正基礎，它的存在取決於

特定環境內強權關係的平衡。當權威的道德機制被摧毀，官僚體系乃至親屬和朋友關係形成的社會網絡便會加速對國家公共權力的侵蝕，意識形態的自我定義也會發生某種變化。新的一代人必須發明新的制度化體系，去對付那些隨著權威失落而出現的種種難題，否則，權力的合法性將被更多的人所唾棄，許多活動也變得越來越反體制。

在一定意義上，國家共同體主義對於現代的「法化社會」的質疑，是在承認法是作用人與人的具體關係的同時，並不承認法是自由主義的法的秩序。所以，國家共同體對一切異化的和疏離的傾向都將給予嚴厲的回應，它的某些極端異質性，就是圍繞這些意義組織起來的。現代化的主要禍根是政治理想主義的流失，而缺少這個根本的社會目標，任何國家觀念和民族意識也就喪失了道德的主體性。反過來，這又將導致拚命渴求整體價值約束或完全屈從現代權威主義的政治體制。

在第三世界的某些國家，政治體制的演變

是圍繞加強中心結構來進行的。這種形式的建
構，似乎批駁了儒家價值具有反國家主義傾向
的論調。因爲大一統的中央集權的帝制國家，
對於傳統社會所具有的政治經濟意義，主要是
維繫了民族整體及其生存模式，它可以衍生出
爲確保社會和諧與安寧，強調限制自由和權利
是必要的思想，但它無法產生公平的有效的管
理和創造。當政治上優先考慮的道德認同和意
識形態認同不得不向索然無味的經濟資本轉型
時，反抗宰制和霸權的象徵資本也會隨之迅速
擴張。人們越來越相信，他們不得不更賣力地
透過追逐自身的利益來獲得更多的東西，如果
他們試圖從集體主義之中獲取更多的好處，便
是在確認國家權力能夠創造和給予的利益中，
憬悟新國家主義的種種誘惑。

　　哈伯瑪斯認爲，資產階級公共領域可以被
理解爲藉由集中而形成的公眾和私人領域，所
以，公眾可以利用官方的公共話語（Public
Discourse）來反對公共權力。現代化的過程製
造了這樣的可能，因爲改革將在很多方面，逐

漸侵蝕政治的合法性。官方話語已經處於不利的位置，就像處於轉型中的其他權威主義體制一樣，正是那些公共領域的前沿話語，創造了許多新的認同和挑戰。這表明，社會發展和政治制度的變化不一定遵循傳統的經濟決定論，而是取決於文化建制的根本變革。

雖然政治民主化已經成為許多發達工業國的歷史或現實，但還沒有足夠的證據表明在原本不發達的國家中，由於採取了自由化的經濟政策或是取得了市場經濟的某些成果，便是意味著政治民主化的出現。不能否認，新國家主義規範下的現代化發展固然引發了政治上的多元化，但是，政治多元化與政治民主化並不是一回事，政治多元指的是一國之內各種政治單元數量的增多，而政治民主則是各類政治單元之間關係的一種制度化的政治程式。從威權體制轉型到民主體制，通常需要兩個條件：一是舊的權威結構已經瓦解，二是新的政治力量選擇民主制度。在東亞的模式中，儘管多元格局已經由過去的自然和鬆散狀態發展到黨派林立

的局面，似乎擺脫了威權政治的陰影，但基本
上還處於一種帶有社會、經濟支配的共生共利
性質的低調階段。然而，當國家不再擁有更多
的合理性時，也就無法遏制多元主義和分離主
義傾向，而政治規則的紊亂將會導致社會陷入
動盪。南韓正在經歷這種多元政治下的社會震
盪，台灣也開始進入這個階段，新加坡和香港
在不久的將來，也會遭遇到同樣的挑戰。

　　新國家主義是直接從經濟目標中取得政治
合法性和行政合理性的，它透過現代的政黨制
度和科層制度有效地控制國家，而生產因素的
增長和進步，使得人們不再爲物質稀少而困
擾，並有可能參與政治和社會的事務。由於國
家始終是在政治結構和生產力要素中充當重要
的中介，所以，當政治民主的機制尚未成熟時，
新國家主義的政治形態只能是資本宰制的最佳
僞裝。它會提供一個新的機會，爲國家重新塑
造介入社會的形象和權威，但它帶來的危機和
運動也將推動更深刻的社會與歷史的轉化。一
黨政治的鬆動和地方自治力量的膨脹，會在公

共領域突破國家的某些強制系統，個人和社會集團也將獲得越來越多的權利和自由。新國家主義將會成為一種混合體制（Corporatism），而它的輪廓和走向，似乎已經出現。

新國家主義是一種過渡的政治形態，它產生於晚期工業化社會的文化結構中，具有經濟發展的超前性和政治建構的滯後性等雙重特徵，但隨著時代的演進，它的權威主義性質將會發生某種變化。當人們最終認識到人類的根本出路是在於增加財富總量，而不再糾纏那些曾經導致貧困的制度化形式時，國家暴力潛能最終將演變成提供福利的方式本身，社會結構的國家主義化也必然以生活世界的合理化為前提，並從相應的交往行為和價值認同中取得它的合法性。直接參與經濟運作的國家威權體制，雖然在很大程度上將恪守自由化的市場規則，但始終不會放棄自己的策略性和工具性。

在現代社會中，個人的利益、價值主要來自他們與集團之間存在的實際或潛在的關係，而國家行為是一個調整個人、制度、理想、利

益的相互關係的過程，所以，構成各種利益集團之外或之上的「公共利益」或「公共貨品」的概念，必須體現公平與正義的精神。而民主觀念就是在社會已經不容許一個集團敢於要求全部權力時產生的強烈情感，這種民主的信念雖然不能證明是有效力的，但它在當今世界卻爲文明勾劃了最明澈的希望。因而，發展中國家的政治民主道路，不一定重蹈古典社會的模式，而應著眼於新國家主義的未來。

　　美國著名學者白魯恂 (Lucian W. Pye) 曾斷言：「我們今天在權威主義的危機中面臨一個一致的挑戰，它正在顛覆全世界所有類型的威權體制」。從這個結論出發，現代化不僅導致了發達國家的深刻的文化危機和精神危機，也引起了開發中國家的嚴重的文化依附和社會失範，它破壞了各自的民族性傳統，也削弱了作爲主權的國家精神。所以，新國家主義的意識形態將會迅速充塡舊威權體制崩解後留下的空白，在一定的範圍內超越自由與民主，並得到繼續發展和擴充。

參考書目

《政治社會學——政治學要素》，（法）莫里斯・迪韋爾熱，華夏出版社，1989年。

《社會生活中的交換與權力》，（美）彼得・布勞，華夏出版社，1988年。

《文化社會中的政治秩序》，（美）塞・杭廷頓，生活・讀書・新知三聯書店，1987年。

《現代政治思想》，（美）詹姆斯・A・古爾德、文森特・V・瑟斯比，商務印書館，1985年。

《政治權力與社會階級》，（美）尼科斯・波朗查斯，中國社會科學出版社，1982年。

《比較政治制度》中譯本，（日）佐藤功，法律出版社，1984年。

《正義論》，（美）羅爾斯，中國社會科學出版社，1990年。

《論民主》，（美）科恩，商務印書館，1988年。

《保守主義》，（英）休・塞西爾，商務印書館，
1986年。

《政治學說史》，（前蘇聯）莫基切夫，中國社
會科學出版社，1979年。

《十三經注疏》，（清）阮元校刻，中華書局，
1980年。

Encyclopedia American，台灣光復書局，1990年。

Anthony M. Orum, *Political Sociology:
The Social Anatomy of the Body Politic,*
Second edition, 1983, Prentic-Hall, Inc.
New Jersey, U.S.A.

Edward Manall Burns,"Ideas In Conflict",
*The Political Theories of the Contempo-
rary Wold,* W.W. Norton & company Inc.,
New York, 1960.

Cyril E. Black and others, *The Moderniza-
tion of Japan and Russia: A Comparative
Study,* The Free Press, New York, 1975.

Robere Nozick, *Anarchy, State and Uto-
pla,* Basic Books, Inc., 1974.

文化手邊冊　19

新國家主義

作　　者／郭洪紀
出　版　者／揚智文化事業股份有限公司
發　行　人／葉忠賢
登　記　證／局版北市業字第 1117 號
地　　址／台北市新生南路三段 88 號 5 樓之 6
電　　話／(02)2366-0309　2366-0313
傳　　真／(02)2366-0310
印　　刷／偉勵彩色印刷股份有限公司
法律顧問／北辰著作權事務所　蕭雄淋律師
初版一刷／1996 年 5 月
初版二刷／2000 年 8 月
定　　價／新台幣 150 元

南區總經銷／昱泓圖書有限公司
地　　址／嘉義市通化四街 45 號
電　　話／(05)231-1949　231-1572
傳　　真／(05)231-1002

ISBN　957-9272-52-2
網址：http://www.ycrc.com.tw
E-mail：tn605547@ms6.tisnet.net.tw
※ 本書如有缺頁、破損、裝訂錯誤，請寄回更換 ※

國家圖書館出版品預行編目資料

新國家主義＝*Neo-nationalism* ╱ 郭洪紀著. --
初版. -- 臺北市：揚智文化，*1996*〔民*85*〕
　面；　公分. --（文化手邊冊；*19*）
參考書目：面
ISBN　957-9272-52-2(平裝)

*1.*國家主義

571.19　　　　　　　　　　　　　*85002855*